Ancrées dans le Nouvel-Ontario, les Éditions Prise de parole appuient les auteurs et les créateurs d'expression et de culture françaises au Canada, en privilégiant des œuvres de facture contemporaine.

La collection «Agora» publie des études en sciences humaines sur la francophonie, en privilégiant une perspective canadienne.

Prise
deparole

Éditions Prise de parole
C.P. 550, Sudbury (Ontario)
Canada P3E 4R2
www.prisedeparole.ca

Nous reconnaissons l'appui financier du gouvernement du Canada par l'entremise du Fonds du livre du Canada (FLC) et du programme Développement des communautés de langue officielle de Patrimoine canadien, ainsi que du Conseil des Arts du Canada, pour nos activités d'édition. La maison d'édition remercie le Conseil des Arts de l'Ontario et la Ville du Grand Sudbury de leur appui financier.

Canadä

ONTARIO ARTS COUNCIL
CONSEIL DES ARTS DE L'ONTARIO
an Ontario government agency
un organisme du gouvernement de l'Ontario

Sudbury
Greater·Grand

Conseil des arts   Canada Council
du Canada   for the Arts

Plus peur de l'hiver que du Diable : une histoire des Canadiens français en Floride

Plus peur de l'hiver que du Diable : une histoire des Canadiens français en Floride

SERGE DUPUIS

Étude

COLLECTION AGORA
Éditions Prise de parole
Sudbury 2016

Photographie en première de couverture : Serge Dupuis, Richard's Motel, Hollywood (Floride), 22 avril 2014.
Conception de la première de couverture : Olivier Lasser

Diffusion au Canada : Dimedia

Catalogage avant publication de Bibliothèque et Archives Canada
Dupuis, Serge, 1985-, auteur
Plus peur de l'hiver que du Diable : une histoire des Canadiens français en Floride / Serge Dupuis.
(Agora) Comprend des références bibliographiques et un index.
Publié en format imprimé (s) et électronique (s).
    ISBN 978-2-89423-952-0. – ISBN 978-2-89423-791-5 (pdf). –
    ISBN 978-2-89744-050-3 (epub)
1. Canadiens français – Floride – Histoire. 2. Américains d'origine canadienne-française –
Floride – Histoire. I. Titre. II. Collection : Collection Agora (Sudbury, Ont.)
    F320.F85D87 2015   975.9'004114   C2015-906263-2
                                    C2015-906264-0

ISBN 978-2-89423-952-0 (Papier)
ISBN 978-2-89423-791-5 (PDF)
ISBN 978-2-89744-050-3 (ePub)

REMERCIEMENTS

Un livre ne s'écrit pas tout seul ; un auteur n'écrit pas sans entourage.

De sorte que des remerciements s'imposent à tous ceux qui m'ont prêté main-forte dans la réalisation de la thèse à l'origine de l'ouvrage que vous avez sous les yeux. Je dois premièrement remercier mon mentor, Michel Bock, qui m'a accompagné dans le développement de ma compréhension des débats sur l'histoire de la construction et du démantèlement institutionnel, culturel et idéologique du Canada français. Sa connaissance, sa prudence, sa générosité et sa loyauté guident toujours ma manière de concevoir le métier d'historien.

Des remerciements reviennent également au Conseil des recherches en sciences humaines, dont l'appui m'a libéré des soucis financiers pendant la réalisation de la thèse, ainsi qu'à l'Université d'Ottawa, qui m'a offert le milieu intellectuel et professionnel pour mener à terme cette recherche. Dans cet établissement se trouvaient aussi le Centre de recherche en civilisation canadienne-française, la géographe Anne Gilbert et l'historien Yves Frenette, qui m'ont encouragé à partir à la découverte des nouveaux espaces de la francophonie nord-américaine. J'en dois tout autant aux Éditions Prise de parole, ainsi qu'à son éditrice, denise truax, sa conseillère scientifique, Aurélie Lacassagne, sa réviseuse, Eva Lavergne, et son directeur de commercialisation, Stéphane Cormier, qui m'ont offert de précieux conseils sur la réalisation de cet ouvrage.

Je n'aurais pas fait le tour des remerciements sans mentionner mes frères et mes parents, Alain, Joël, Diane et Régent Dupuis, ainsi que ma conjointe, Noémi Paquette, dont l'appui inconditionnel m'a donné la confiance et le courage de mener à terme la thèse, puis de la remanier et d'en élargir le cadre, quelques années plus tard, pour en faire le livre que vous avez sous les yeux.

Je dédis cette monographie à mon arrière-grand-mère Edna Dupuis (1907-2005) et à ma grand-mère Rollande Asselin (1939-2012), deux fières hivernantes franco-ontariennes qui m'ont non seulement donné l'idée d'effectuer cette recherche, mais aussi, sans doute, transmis le goût de la chaleur en plein hiver…

NOTE SUR L'UTILISATION DU VOCABLE « CANADIEN-FRANÇAIS »

Le Canada français a une histoire complexe. Il s'agit d'abord d'un projet de société, qui a voulu rassembler les descendants français de la vallée laurentienne après l'annexion de la Nouvelle-France à la Grande-Bretagne en 1763 et la défaite des réformistes libéraux pendant les Rébellions de 1837-1838. Le Canada français – nation sans État, dont les éléments étaient unis par des symboles, une mémoire, des institutions et un territoire – s'est déployé principalement entre 1840 et 1960.

À partir de 1960, les Canadiens français ont emprunté différentes stratégies pour faire avancer leurs intérêts. Le vocable « canadien-français » a cédé sa place, par exemple, à « québécois » ou à « franco-ontarien », les identités francophones s'étant recentrées à l'intérieur des limites provinciales. Le référent « canadien-français » a été progressivement marginalisé, au point où, à l'aube du XXIᵉ siècle, peu de gens au Canada s'en servent pour se décrire.

Dans ce contexte, la Floride constitue un cas particulier. Les migrants canadiens-français y sont arrivés principalement durant les années 1950 et 1960, et ils se sont installés aux côtés d'hivernants et de touristes de diverses provenances (du Québec au Massachussetts, en passant par l'Ontario et le Nouveau-Brunswick). La culture canadienne-française et l'accent laurentien en Floride ont joué le rôle d'éléments rassembleurs. Ainsi, au début du XXIᵉ siècle, les hivernants « québécois » du Canada redeviennent des « Canadiens français » en Floride.

En tâchant de décrire la réalité telle qu'elle s'est manifestée sur le terrain, nous utiliserons les expressions « Canadiens français » et « culture canadienne-française » pour décrire les gens et leurs manifestations, puisque ceux-ci ont continué d'employer ces vocables pour exprimer leur réalité. Nous nous référerons aux « Franco-Ontariens » et au « Québécois », mais aussi aux « francophones du Canada » et aux « francophones » tout court lorsque cela paraîtra approprié.

INTRODUCTION

Sans ressource naturelle à exploiter, la Floride a suscité peu d'intérêt parmi les puissances coloniales avant la fin du XIXe siècle. On peut s'en étonner aujourd'hui devant sa transformation en destination touristique mondiale, rendue possible en grande partie par la construction de chemins de fer, d'autoroutes et de pistes d'atterrissage, par l'assèchement de régions marécageuses et la multiplication d'hôtels et d'attractions touristiques[1]. Maints observateurs ont reproché à la Floride ses excès de commercialisation et d'urbanisation. Pour sa part, l'élite nationaliste canadienne-française a plutôt dénoncé l'oisiveté et la déchéance morale qu'elle y détectait. Ces critiques n'ont pourtant pas empêché de nombreux Canadiens français, dès la fin du XIXe siècle, de profiter de la chaleur et du libéralisme social et économique qui y régnaient.

Cet engouement pour la Floride constitue-t-il un rejet du temps froid dans la vallée laurentienne et ses arrières-pays, marquée par un hiver qui dure de quatre à six mois[2]? En réalité, l'accès croissant, au XXe siècle, à la chaleur subtropicale floridienne, mais aussi sa réputation de lieu de loisir et de détente, auraient charmé les descendants de voyageurs et de bûcherons, au point d'inculquer

---

[1] Gary Mormino, *Land of Sunshine, State of Dreams: A Social History of Modern Florida*, Gainesville, University Press of Florida, 2005, p. 12.

[2] Daniel Chartier et Jean Désy, *La nordicité du Québec: entretiens avec Louis-Edmond Hamelin*, Québec, Presses de l'Université du Québec, 2014, p. 34-39.

chez eux un dégoût profond pour la saison froide[3]. Or, il n'a pas suffi de *pouvoir* atteindre la Floride; il a aussi fallu le *vouloir*…

Chez les Canadiens, la Floride serait devenue d'une importance telle que l'historien Eric Jarvis y a vu une sorte de « 11ᵉ » province canadienne[4]. De nos jours, 10 pour cent de la population canadienne visite annuellement l'État du soleil et l'écrasante majorité de ce contingent provient des provinces maritimes, du Québec et de l'Ontario[5]. Mais la péninsule n'a pas séduit que des touristes, plusieurs choisissant d'y immigrer au lendemain de la Deuxième Guerre mondiale. 1950 marque le début d'un nouveau flux migratoire – vers la Floride cette fois –, deux décennies seulement après celui vers la Nouvelle-Angleterre (1840-1930)[6]. La péninsule a aussi attiré des hivernants, ces retraités et semi-retraités qui venaient passer l'hiver au chaud. Si les considérations climatiques ont motivé cette migration, le facteur économique a été indispensable à sa démocratisation.

Jusqu'en 1940, la présence canadienne-française en Floride a été plutôt faible – quelques milliers tout au plus. Les Canadiens français ont néanmoins participé à la colonisation de la péninsule dès le début du XIXᵉ siècle. Leur présence parmi les ouvriers saisonniers de l'industrie forestière du Golfe du Mexique remonterait à 1819; des missionnaires et des résidents permanents s'y sont aussi installés à partir des années 1860[7]. Les migrations temporaires ont ensuite amené quelques tentatives de colonisation: une première

---

[3] Godefroy Desrosiers-Lauzon, *Florida's Snowbirds: Spectacle, Mobility, and Community since 1945*, Montréal / Kingston, McGill-Queen's University Press, 2011, p. 4-10.

[4] Eric Jarvis, «Florida's Forgotten Ethnic Culture: Patterns of Canadian Immigration, Tourism, and Investment since 1920», *Florida Historical Quarterly*, vol. 21, n° 2, 2002, p. 186.

[5] Sylvain de Repentigny, «International Travel Survey: Canadian Residents 1980-1999. Data Selected: United States? Visits, Including en Route. Total U.S. State Visits Selected. U.S. Regions by U.S. States. 1 + Nights by Visits and Spending Less Fares. Florida 1980-1999», Ottawa, Statistique Canada, document inédit envoyé par courriel, 30 juillet 2007; Gary Mormino, *op. cit.*, p. 8.

[6] Yves Roby, *Les Franco-Américains de la Nouvelle-Angleterre. Rêves et réalités*, Sillery, Septentrion, 2000, 534 p.

[7] Louis Dupont, Anne Gilbert et Dean Louder, «Les Floribécois dans le contexte de la Floride du Sud, 1994», Sainte-Foy, document inédit, février 1994, p. 4; «History of the Parish», The Basilica of Saint Mary Star of the Sea Key West, Florida [en ligne]: http://www.stmarykeywest.com/home/history-of-the-parish/, consulté le 3 juillet 2015.

au lac Okeechobee en 1924, puis une deuxième dans le manche de la Floride dès 1930[8]. Des personnalités bien en vue, dont l'abbé Henri-Raymond Casgrain et le premier ministre Wilfrid Laurier, ont séjourné sur les plages de la côte Atlantique au tournant du siècle. En racontant leurs séjours à la presse, ils ont peut-être frappé l'imaginaire de leurs compatriotes et semé chez eux le désir de visiter la Floride un jour[9]...

L'Amérique française et la Floride

Le présent ouvrage se situe au carrefour des études sur la Francophonie nord-américaine et sur la Floride, en proposant une analyse plus globale de l'évolution de la présence canadienne-française dans cet État. À l'automne 1982, les géographes Louis Dupont et Marie Dussault constataient que «l'histoire de cette première présence de parlant[s] français[10]» restait encore à écrire. Trente ans plus tard, Godefroy Desrosiers-Lauzon soulignait toujours l'absence d'un portrait d'ensemble des Québécois en Floride[11]. En s'insérant également parmi les études sur la francophonie en milieu minoritaire, cette synthèse vise à expliquer en quoi la migration vers la Floride a constitué une rupture avec le projet national canadien-français et, parallèlement, dans quelle mesure la péninsule a formé un pôle d'attraction et un îlot de «l'archipel de l'Amérique française», pour rappeler la jolie métaphore de Dean Louder et Éric Waddell[12].

Cette enquête ne peut faire autrement que de nous mener au cœur du débat sur la nature du Canada français et du Québec en

---

[8] «Connors Sells 1,000 Acres to Florida Colony of French Canadians», *The Palm Beach Post*, 22 janvier 1924, dans Historical Society of Palm Beach County Archives (HSPBCA), West Palm Beach (Floride), Fonds «Populations», vol. «Canadians in Florida»; Laura Lee Scott, *Belandville: A French Canadian Colony in West Florida*, Bagdad (Floride), Patagonia Press, 2005, 67 p.

[9] Yvan Lamonde, *Ni sans eux, ni avec eux: le Québec et les États-Unis*, Montréal, Nuit blanche Éditeur, 1996, p. 45.

[10] Louis Dupont et Marie Dussault, «La présence francophone en Floride: un portrait», *Vie française*, vol. 36, n°s 10-11-12, octobre-novembre-décembre 1982, p. 7.

[11] Godefroy Desrosiers-Lauzon, *op. cit.*, p. ix.

[12] Dean Louder et Éric Waddell (dir.), *Du continent perdu à l'archipel retrouvé: le Québec et l'Amérique française*, Québec, Presses de l'Université Laval, 292 p.; Dean Louder et Éric Waddell (dir.), *Franco-Amérique*, Sillery, Septentrion, 2008, 373 p.

tant que société distincte en Amérique du Nord. Les historiens Gérard Bouchard et Yvan Lamonde voient le Canada français comme une société normale de l'Amérique, construite en français[13]. Même si l'intégration économique du Canada aux États-Unis, et son adoption des modes de production et de consommation américains ne font aucun doute, le Canada français a, quant à lui, constitué un projet d'intégration sociétale particulier en Amérique. Comme le rappelle l'historien Yves Frenette, l'élite canadienne-française a voulu rallier sur le continent des gens de divers milieux autour du catholicisme et de la francité, et l'adhésion à ce projet a varié considérablement selon le lieu et la période[14]. Pour le sociologue Fernand Dumont, on peut mieux comprendre les Canadiens français lorsqu'on analyse leur culture en deux temps : d'abord, ils ont cultivé une culture inspirée de mœurs propres au continent, à laquelle s'est ajoutée une culture seconde, se manifestant au plan des idées, au-delà des circonstances immédiates, où le passé et l'avenir ont été imaginés selon l'originalité des traditions culturelle, linguistique, religieuse, et certains ajouteraient agraires et rurales[15].

Dans le même sens, le sociologue Joseph Yvon Thériault avance que le Canada français a exprimé la modernité à sa façon : suivant l'annexion de la Nouvelle-France à la Grande-Bretagne en 1763 et la défaite des Rébellions en 1837-1838, les « Canadiens » auraient érigé un réseau paraétatique d'institutions modernes, une « Église-nation » canadienne-française en quelque sorte. Une nouvelle société qui ne se satisferait plus d'obtenir des concessions du pouvoir britannique et aspirerait, au lieu, à l'autonomie dans plusieurs sphères d'activité[16]. La construction de représentations et d'institutions, voire d'une nation parallèle à l'État, par les professionnels et les clercs canadiens-français, ressemblait à peu de choses près aux nations européennes émergeant à la même époque. Ainsi, le

---

[13] Gérard Bouchard, *Genèse des nations et cultures du Nouveau Monde : essai d'histoire comparée*, Montréal, Boréal, 2001, 503 p. ; Yvan Lamonde, « Pourquoi penser l'américanité du Québec ? », *Politique et sociétés*, vol. 18, n° 1, 1999, p. 93-98.

[14] Yves Frenette, *Brève histoire des Canadiens français*, Montréal, Boréal, 1998, 210 p.

[15] Fernand Dumont, *Raisons communes*, Montréal, Boréal, 1997, 255 p.

[16] Joseph Yvon Thériault, *Critique de l'américanité : mémoire et démocratie au Québec*, Montréal, Québec Amérique, 2005, 386 p.

Canada français a obtenu non pas l'indépendance, mais une autonomie relative, avec la création de la province du Québec et d'établissements (principalement éducatifs) pour les catholiques et les
citoyens de langue française ailleurs au Canada, à l'intérieur d'une
fédération politique partagée avec les Canadiens d'origine britannique et de langue anglaise.

Toujours selon Thériault, l'«intention nationale» se serait manifestée d'abord et principalement au Québec, où les Canadiens
français formaient une majorité, mais aurait également été adoptée
dans les villes et villages en périphérie de la Belle province où les
Canadiens français avaient migré en grand nombre. Environ le
tiers des Canadiens français avait quitté la vallée laurentienne pour
gagner les usines, les mines, les forêts et les terres de la Nouvelle-
Angleterre, de l'Ontario et de l'Ouest. Si certains sont rentrés après
un séjour lucratif, la plupart ont fini par se déraciner en permanence. Après avoir initialement considéré ces départs massifs
comme une trahison du projet clérico-national, l'élite nationaliste
a changé de point de vue. Vers 1880, elle a constaté que les contingents d'émigrants formaient désormais soit de fortes minorités,
soit des majorités, dans plusieurs lieux d'adoption[17]. Les va-
et-vient entre le Québec et sa périphérie, ainsi que l'expansion du
réseau institutionnel canadien-français vers ces villes et villages ont
considérablement élargi, au tournant du XXe siècle, le «territoire
imaginé» associé au Canada français. Cette expansion a éventuellement provoqué des hostilités de la part des majorités de langue
anglaise, qui ont adopté diverses mesures visant à restreindre l'utilisation du français ou l'enseignement catholique dans les écoles,
notamment au Manitoba, au Nouveau-Brunswick et en Ontario.

Selon Yves Frenette, les crises occasionnées par ces mesures,
doublées du ralentissement des migrations pendant la Crise économique de la décennie 1930, auraient creusé un écart entre l'élite
québécoise et celles des milieux minoritaires. D'autres, dont les
historiens Michel Bock, Gaétan Gervais et Marcel Martel,
constatent au contraire un renforcement des liens pendant les

---

[17] Yves Roby, «Les Canadiens français des États-Unis (1860-1900): dévoyés ou
missionnaires», *Revue d'histoire de l'Amérique française*, vol. 41, n° 1, 1987, p. 3-22.

crises scolaires, ainsi qu'un renouveau de solidarité durant les décennies 1930 à 1960[18].

Si, à une certaine époque, les Canadiens français partageaient un destin commun en tant que minorité française sur le continent américain, l'assimilation croissante des jeunes dans les provinces où les Canadiens français étaient fortement minoritaires, jumelée à la volonté du Québec de renforcer son réseau institutionnel, ont contribué à remettre en cause l'idée d'un Canada français. Plutôt que de déployer des efforts au bénéfice d'une «Église-nation» canadienne-française, constituée sous l'égide d'un «État-fédération» canadien, le Québec a préféré s'investir dans la construction d'un État-nation à l'intérieur de ses frontières. Ce recentrement du projet national canadien-français a entraîné la reconfiguration des identités des minorités canadiennes-françaises à l'intérieur de leurs frontières provinciales respectives[19]. Les relations entre les minorités et le Québec sont devenues plus marginales, alors que se renforçait l'arrimage entre minorités provinciales et l'État fédéral canadien.

L'effritement du Canada français comme projet de société a eu des effets dévastateurs en Nouvelle-Angleterre, où la fermeture des dernières écoles paroissiales bilingues, pendant les années 1960, a plus ou moins contraint la Franco-Américanie à s'intégrer à l'*American Dream*. Au Canada, le développement de l'éducation et de services gouvernementaux en français entre 1967 et 2000 a assuré une certaine vitalité dans les milieux minoritaires, même s'il n'a pas empêché la progression du taux d'acculturation des minorités canadiennes-françaises[20].

Au tournant du XXIe siècle, la «Franco-Amérique» se compose d'une grande diversité de milieux: à certains endroits, la francité

---

[18] Michel Bock, *Quand la nation débordait les frontières: les minorités françaises dans la pensée de Lionel Groulx*, Montréal, Hurtubise HMH, 2004, 452 p.; Gaétan Gervais, *Des gens de résolution. Le passage du «Canada français» à l'«Ontario français»*, Sudbury, Prise de parole, 2003, 230 p.; Marcel Martel, *Le deuil d'un pays imaginé: rêves, luttes et déroute du Canada français: les rapports entre le Québec et la francophonie canadienne, 1867-1975*, Ottawa, Presses de l'Université d'Ottawa, 1997, 203 p.

[19] Yves Roby, *Histoire d'un rêve brisé? Les Canadiens français aux États-Unis*, Sillery, Septentrion, 2007, 148 p.

[20] Michael Behiels, *La francophonie canadienne: renouveau constitutionnel et gouvernance scolaire*, Ottawa, Presses de l'Université d'Ottawa, 2005, 432 p.

ne représente qu'une caractéristique historique; à d'autres, elle a été récemment effacée (mais demeure importante dans la mémoire locale) et, enfin, dans certains milieux, le français est présent au quotidien[21]. On pourrait ranger les anciens postes français du Midwest américain dans la première catégorie, ceux de la Nouvelle-Angleterre française dans la deuxième, et le Québec dans la troisième. Au Canada, les collectivités minoritaires sont réparties entre ces trois catégories : les localités de la Colombie-Britannique où le passé colonial français n'a laissé qu'une trace; celles à forte minorité francophone, désormais passablement effacées comme en Saskatchewan et dans le Sud-Ouest ontarien, par exemple; et celles, majoritaires, où le français se vit au quotidien (le nord du Nouveau-Brunswick et l'est et le nord-est ontariens). Pour Joseph Yvon Thériault, ces communautés se comprennent mieux lorsqu'on les situe sur un spectre : à un extrême, les communautés minoritaires fortement développées manifestent une certaine «intention nationale» et aspirent à l'autonomie complète; à l'autre, la francité est reléguée au folklore, l'ethnicité française constituant un élément identitaire mineur et l'anglais ayant été adopté comme langue principale. Thériault constate que le Québec français, en tant que «petite société», manifeste l'«ambition» la plus parente à celle d'une nation. Pour leur part, les communautés minoritaires manifestent une ambition «nationalitaire»: tout en poursuivant certaines ambitions autonomistes, elles sont confrontées aux limites du milieu et cherchent des accommodements auprès des institutions majoritaires. Ainsi, le «désir de pouvoir[22]» en milieu minoritaire amène les collectivités francophones à revendiquer une autonomie dans certains domaines (éducation, culture, santé, etc.), ainsi qu'une reconnaissance au sein des institutions communes de la majorité (municipalités, commerces, etc.). Par leurs intentions variées, les collectivités francophones minoritaires se situent quelque part «entre l'ethnie et la nation[23]».

---

[21] Dean Louder et Éric Waddell, *Franco-Amérique, op. cit.*, p. 11-23.

[22] Rémi Léger, «De la reconnaissance à l'habilitation de la francophonie canadienne», *Francophonies d'Amérique*, n° 37, printemps 2014, p. 17-38.

[23] Joseph Yvon Thériault, «Entre la nation et l'ethnie: Sociologie, société et communautés minoritaires francophones», *Sociologie et sociétés*, vol. 26, n° 1, printemps 1994, p. 15-32.

Les Canadiens français et l'intégration en Floride

Parfois, l'«intention» d'un groupement de migrants est établie au moment même de leur installation dans un nouveau milieu. L'historien Paul-André Rosental distingue la «migration de maintien», qui cherche à conserver les liens avec et à agir comme une prolongation de la société d'origine, d'une «migration de rupture», qui préconise une intégration rapide à la société d'accueil[24]. Comme nous le verrons, si les touristes et les hivernants canadiens-français ont cherché à reconstituer en Floride des fragments de leur société d'origine, les émigrants ont, pour leur part, cherché à s'intégrer à la société américaine avant tout.

Dans son ouvrage magistral sur les hivernants nord-américains, Godefroy Desrosiers-Lauzon constate que le comportement des migrants en Floride s'est distingué du modèle de l'École de Chicago, selon lequel l'intégration des nouveaux arrivants s'effectue sur trois générations. Desrosiers-Lauzon remet en cause l'impression communément admise selon laquelle colons, immigrants et touristes se seraient américanisés rapidement en Floride. Selon lui, les communautés ethniques de Floride sont demeurées plus dynamiques qu'ailleurs, et ce, plusieurs années après leur implantation. Les moyens de transport et les technologies de communication de la deuxième moitié du XXe siècle auraient favorisé la multiplication des contacts entre les expatriés et leur foyer d'origine[25]. Sans mettre en question cette thèse, nous chercherons à approfondir son analyse, en cernant les caractéristiques propres aux concentrations canadiennes-françaises, ainsi que les manifestations distinctes des différents contingents de migrants. Alors que les touristes et les hivernants ont exprimé un fort sentiment communautariste et se sont mis à l'abri de la culture anglo-américaine pendant leurs séjours, l'histoire est tout autre pour les colons, les immigrants et leurs descendants, dont l'intégration s'est souvent réalisée en deux générations. Ce sont essentiellement les touristes et les hivernants qui ont cherché à constituer une aire distincte, et

---

[24] Paul-André Rosental, «Maintien/ rupture: un nouveau couple pour l'analyse des migrations», *Annales Économies, Sociétés, Civilisations*, vol. 6, novembre-décembre 1990, p. 1403-1431.

[25] Godefroy Desrosiers-Lauzon, *op. cit.*, p. 5.

à la doter de lieux familiers et d'institutions francophones, alors que les migrants et leurs descendants – qui n'ont pas reçu leur juste part d'attention dans les études sur les Québécois en Floride – sont restés peu attachés à leur culture et à leur langue d'origine. Comme nous le verrons, ils ne sont même pas passés par la phase d'hybridité et de bilinguisme que l'École de Chicago associe aux immigrants de deuxième génération.

L'émergence du pôle migratoire floridien rappelle les difficultés associées à l'expansion du Canada français pendant la deuxième moitié du XXᵉ siècle, au moment où son assise idéologique et institutionnelle se fragmentait. Si le climat subtropical a distingué la Floride des autres destinations privilégiées par les Canadiens français (outre la Californie), elle partage plusieurs caractéristiques avec divers lieux de migration américains, dont la force du marché de l'emploi et du pouvoir d'achat. La motivation économique a été centrale aux migrations vers la Floride et explique comment on a pu la choisir, plutôt que la Louisiane ou Haïti, deux lieux de présence française historique qui auraient pu logiquement attirer les Canadiens français. Ceux-ci ont privilégié la Floride en raison de son infrastructure (autoroutes, attractions touristiques et logements), de sa familiarité (culture de consommation et sécurité publique), de son abordabilité (emplois, disponibilité de logements et faible taux d'imposition), ainsi que de son libéralisme social (permissivité et faibles tensions raciales). Ces éléments ont rendu la destination accessible à la classe moyenne et à des segments de la classe ouvrière de l'après-guerre.

Les manifestations communautaristes canadiennes-françaises en Floride ont surtout rassemblé hivernants et touristes, bien plus que les immigrants et leurs descendants. Le regard des premiers est resté fixé sur le Québec et le Canada français. Les communautés qu'ils ont établies ont été dynamiques, mais leur présence, temporaire, n'a pas mené à l'établissement d'une « Floride française ». Le réseau institutionnel qu'ils ont créé a été trop marqué par la temporalité brève de leur séjour et par leur appartenance ethnique pour mener à l'édification d'une société francophone minoritaire et plurielle.

L'idée d'exploiter la «dernière frontière[26]» de l'Amérique du Nord a d'abord inspiré des colons. Au XIXᵉ siècle, la Floride a attiré des bûcherons et des agriculteurs canadiens-français, mais ceux-ci n'ont pas jeté les bases d'un réseau institutionnel de langue française semblable à celui qui se constituait en Nouvelle-Angleterre à l'époque[27]. Par conséquent, le degré d'intégration de ces premiers migrants à la société américaine a été particulièrement élevé. Il faudra l'avènement, pendant les décennies 1960 et 1970, d'un flux massif de touristes et d'hivernants pour qu'un réseau institutionnel canadien-français digne de ce nom se mette en place. Les études pionnières des géographes Louis Dupont, Marie Dussault, Anne Gilbert et Rémy Tremblay soulignent le dynamisme étonnant des enclaves du sud-est pendant les années 1980 et 1990[28]. Pour Godefroy Desrosiers-Lauzon, le comportement des Québécois par rapport aux communautés hivernantes anglophones en Floride est attribuable non seulement à la langue, mais aussi au degré de cohésion sociale dont ils ont fait preuve[29].

L'importance du tourisme, le fonctionnement des institutions principalement pendant l'hiver et l'incapacité de maintenir et de régénérer une société francophone par l'entremise d'un régime scolaire (ou d'un soupçon d'autonomie politique) ont fait de la Floride un pôle singulier de la «Franco-Amérique». En dépit de leur nombre, les migrants canadiens-français n'ont pas semé des racines profondes en Floride et ils n'ont pas transmis leur culture et leur langue à leurs descendants. Lorsque le film *La Florida* (1993) met en scène une «messe mobile», célébrée sur la plage plutôt que dans une église canadienne-française, le réalisateur

---

[26] Il s'agit d'une traduction libre du concept de *last frontier*, premièrement évoqué par l'historien Frederick Jackson Turner pour désigner la poussée de l'exploration et de la colonisation de l'Ouest américain. Le concept paraît pourtant aussi pertinent pour comprendre la colonisation et le développement de la Floride aux XIXᵉ et XXᵉ siècles.

[27] Yves Roby, *Les Franco-Américains…*, *op. cit.*, 534 p.

[28] Rémy Tremblay, *Floribec: espace et communauté*, Ottawa, Presses de l'Université d'Ottawa, 2006, 150 p. ; Anne Gilbert, André Langlois et Rémy Tremblay, «Habiter Floribec: voisinage et communauté», *International Review of Canadian Studies / Revue internationale d'études canadiennes*, vol. 44, nᵒ 2, 2011, p. 75-89.

[29] Godefroy Desrosiers-Lauzon, *op. cit.*, 364 p.

George Mihalka illustre bien le caractère évanescent de la Floride canadienne-française[30].

Entre synthèse historique et recherche fondamentale

Cet ouvrage a commencé en tant que thèse de maîtrise en histoire, réalisée à l'Université d'Ottawa (2007-2009), sur la présence canadienne-française dans le comté de Palm Beach après 1910[31]. Cette recherche nous a amené à dépouiller les archives du Club canadien-français de Lake Worth (CCFLW) et de la Communauté catholique d'expression française de Lake Worth, ainsi que les dossiers portant sur les Canadiens en Floride dans les fonds de l'Historical Society of Palm Beach County. Nous avons ensuite consulté les bases de données Biblio branchée et Canadian Newsstand afin de repérer les articles ayant paru dans des journaux canadiens entre 1977 et 2007. Enfin, deux séjours de recherche (janvier 2008 et janvier 2009) nous ont permis de rencontrer 25 migrants, contactés par l'entremise du CCFLW, et de distribuer 35 questionnaires chez d'autres participants, desquels nous avons reçu 22 réponses[32]. Comme les deux questionnaires visaient à aborder des parcours personnels et des impressions de migrants sur leur milieu, le Bureau d'éthique et d'intégrité de la recherche de l'Université d'Ottawa les avaient approuvés. Du point de vue méthodologique, nous nous sommes inspiré des enquêtes des historiens Jacques Rouillard et Denyse Baillargeon auprès des derniers migrants ouvriers canadiens-français attirés vers l'industrie du textile de la Nouvelle-Angleterre pendant les décennies 1920 et 1930. Ils avaient recueilli des témoignages sur le point de « disparaître à tout jamais[33] », étant donné l'âge avancé des participants. Les entrevues semi-dirigées que nous avons menées se sont aussi

---

[30] George Mihalka, *La Florida*, Enregistrement DVD, Montréal, Sarrazin Couture Entertainment, 1993, 112 min, couleur, son.

[31] Serge Dupuis, « L'émergence d'une Floride canadienne-française: l'exemple de la communauté de Palm Beach, 1910-2010 », thèse de maîtrise (histoire), Ottawa, Université d'Ottawa, 2009, 159 p.

[32] Parmi les 25 participants, 16 sont nés au Québec, 5 sont nés en Ontario et 4 en Nouvelle-Angleterre.

[33] Jacques Rouillard, *Ah les États! Les travailleurs canadiens-français dans l'industrie du textile de la Nouvelle-Angleterre d'après le témoignage des derniers migrants*, Montréal, Boréal, 1985, p. 13.

inspirées des méthodes des historiens américains Robert Perks et Alistair Thompson[34].

La monographie que vous avez sous les yeux élargit le cadre de la thèse originelle. En l'absence d'une monographie portant sur l'histoire des Canadiens français en Floride, nous avons rassemblé les études en géographie, en sociologie, en gérontologie et en histoire ayant traité de ce thème, en vue de développer une réflexion plus globale sur le sujet. Nous avons bonifié le corpus de sources secondaires en nous référant à un éventail de monographies, tout en effectuant de nouvelles recherches ponctuelles dans quelques fonds d'archives, dont ceux du *Everglades News* (1924-1929) et du Club Richelieu de la Floride (1979-…), et en puisant dans l'édition de 2010 du recensement américain. Nous avons enfin recueilli, grâce à des recherches par mots-clés, de nombreux renseignements dans les archives électroniques des journaux floridiens. Comme tout travail d'historien dépend des sources qui ont été préservées, la trame du présent ouvrage paraîtra sinueuse et inégale par moments, certains aspects de cette histoire ayant été bien documentés, d'autres laissant des traces plus fragmentaires et nous obligeant à émettre davantage d'hypothèses que de conclusions.

Dans ses recherches sur la Nouvelle-Angleterre francophone, Yves Roby a remarqué que la quantité des sources disponibles pour raconter l'histoire d'une communauté minoritaire dépend souvent de la présence d'intellectuels ayant recensé la réalité locale. Ainsi, les renseignements sur les Canadiens français de la Nouvelle-Angleterre se sont enrichis avec l'arrivée de clercs, qui ont animé les paroisses, les écoles et les cercles intellectuels. La Floride canadienne-française constitue un terreau moins évident pour les chercheurs, puisqu'aucune élite intellectuelle n'a mis en mots et analysé en profondeur la sociologie particulière de la colonie. Certains acteurs ont laissé des traces fragmentaires, mais la majorité des analyses ont été réalisées de l'extérieur, par des journalistes et des universitaires canadiens depuis les 50 dernières années. Avec le

---

[34] Robert Perks et Alistair Thomson (dir.), *The Oral History Reader*, 2ᵉ éd., Londres, Routledge, 2006, 578 p.

temps et de nouvelles recherches, les perspectives sur la Floride canadienne-française pourront toutefois s'enrichir…

Ce livre comporte cinq parties. Le premier chapitre aborde l'époque coloniale de la Floride, des premiers contacts entre les Séminoles et les Espagnols jusqu'au début du XXe siècle. Si les Espagnols ont été les premiers Européens à y poser le pied, les Français ont eux aussi tenté d'y établir une colonie entre 1562 et 1565. Cette aventure malheureuse servira d'ailleurs comme laboratoire et contre-exemple aux Anglais et aux Français, qui s'établiront avec succès plus au nord pendant le siècle suivant. La Floride a été espagnole pendant plus de deux siècles, mais ne sera colonisée sur les plans agricole et forestier que pendant la période américaine, à partir de 1819. Aux quelques milliers d'Espagnols habitant la péninsule pendant la Révolution américaine (1776-1783) se sont ajoutés des esclaves noirs ainsi que des Américains de souche européenne. Les premiers Canadiens français dans l'État ont contribué à la récolte forestière au milieu du XIXe siècle ; ils ont été rejoints par des missionnaires et des colons, surtout au début du XXe siècle pendant les initiatives pour assécher des marais. On peut également noter au moins deux tentatives de colonisation comprenant quelques centaines de migrants, dont le village de Bélandville, qui a existé de 1930 à 1936.

Le deuxième chapitre porte sur les touristes, soit ceux qui ont visité la Floride ponctuellement et y ont laissé peu de traces. Cette migration remonte à la deuxième moitié du XIXe siècle, vers Sainte-Augustine en particulier, un endroit qui rappelle la Nouvelle-Espagne coloniale. L'avènement du revenu disponible et de congés payés a favorisé le développement du tourisme. L'ouverture de parcs de faune et de flore exotiques, l'aménagement de plages publiques ainsi que le développement de voies ferrées, d'autoroutes et de pistes d'atterrissage, surtout après 1945, ont incité un nombre toujours croissant d'Américains, mais aussi de Canadiens français, à visiter la péninsule.

On estime qu'environ 60 000 des touristes canadiens-français en Floride s'y sont installés en permanence durant la période 1945-1970. Il s'agit là du cœur du troisième chapitre, qui porte sur les immigrants canadiens-français. Malgré l'établissement de clubs et la création de journaux hebdomadaires, le niveau de développement institutionnel de ce contingent est demeuré relativement faible. Les concentrations du sud-est de la Floride n'ont fondé ni paroisse ni école, à l'inverse des concentrations canadiennes-françaises de la Nouvelle-Angleterre.

Le quatrième chapitre traite des acteurs responsables de la vitalité culturelle dont parle Desrosiers-Lauzon dans ses travaux. Les hivernants (ou *snowbirds*), à mi-chemin entre le touriste et l'immigrant, ont tissé des réseaux de sociabilité et se sont procurés, souvent, une résidence temporaire sur place – sans toutefois abandonner leur résidence permanente dans le Nord, où ils passaient au moins six mois chaque année. Les hivernants canadiens-français ont récupéré certaines associations mises sur pied par les immigrants; ils ont créé des enclaves où ils composaient la majorité (forte, parfois complète); ils ont tenu des messes en français et organisé de nombreuses activités. Ils ont en outre incité des professionnels de la santé et du droit à offrir des services en français. Répertoires de commerçants et calendriers d'activités de clubs témoignent de cette vitalité culturelle ayant atteint son apogée entre 1970 et 1990.

Le cinquième chapitre porte sur les descendants de ces quatre groupes de migrants au tournant du XXIe siècle. Ceux-ci représentent les deuxième, troisième et quatrième générations de touristes, d'immigrants ou d'hivernants. Le cas des enfants d'immigrants révèle notamment l'intégration dès la deuxième génération de Canadiens français, celle née en Floride. La relative invisibilité des enfants d'immigrants dans la masse de résidents floridiens fait contraste aux nombreuses manifestations de vie québécoise et canadienne-française propres aux hivernants et aux touristes qui fréquentent, année après année, certains lieux et vivent largement en français pour la durée de leur séjour, que celui-ci soit d'une semaine ou de six mois. Le nombre de ces migrants temporaires continue d'augmenter d'année en année, ce qui suggère que la vie en français en Floride pourrait y continuer encore longtemps…

CHAPITRE UN
LES COLONS

The Florida Everglades is a great region;
The best of it is on the shores of Lake Okeechobee,
the second largest freshwater lake in the United States.
Unlike new soils elsewhere,
the soils of the Lake Okeechobee require no preparation
other than clearing to be ready for crops.
The country for a mile or two back from the lake
is frost-proof except at rare intervals.

«Opportunities in the Upper Everglades»,
The Everglades News, 17 octobre 1924, p. 1,
dans PBCL, Microfilm Collection.

Afin de mieux situer l'émergence de l'un des grands pôles d'attraction touristique de la planète, mais aussi le principal lieu de vacances, d'hivernation et d'immigration des Canadiens français, un détour s'impose pour comprendre les origines séminole, française, espagnole, britannique et américaine de la colonie la plus méridionale de l'Amérique du Nord. Ce chapitre présente le cadre géographique et historique sur lequel situer la présence canadienne-française en Floride.

En abordant la colonisation, rappelons d'abord qu'il s'agit d'un processus par lequel des peuples européens ont exploré et conquis des territoires outre-mer, en vue d'en exploiter les ressources naturelles d'abord et d'y enraciner la civilisation occidentale ensuite. Des colons français aux colons canadiens-français, la présence française en Floride s'est faite sentir à travers des « tâtonnements » sporadiques. Selon les historiens Gilles Havard et Cécile Vidal,

> [à] la différence des Espagnols, les Français ne mirent pas la main outre-Atlantique sur de fabuleux trésors, qu'ils soient aztèques ou incas, ni sur des mines d'or et d'argent ; ils ne parvinrent pas non plus, en dépit de quelques tentatives, à établir durablement des colonies. Mais ils surent pourtant se montrer actifs[1].

La concurrence entre les empires espagnol, français et britannique pour occuper l'Amérique du Nord – qui a mené à l'établissement de colonies éphémères en Floride –, a été suivie par une période de tensions pour la possession de la péninsule du XVIe au XIXe siècles, période au cours de laquelle les États-Unis sont nés. Entretemps, les colons français s'installaient dans la vallée laurentienne, mais la rapide saturation de ces terres a entraîné la dispersion de plusieurs d'entre eux à l'échelle du continent aux XIXe et XXe siècles. L'Entre-deux-guerres a vu deux tentatives de colonisation de la Floride, la première menée par des migrants acadiens au sud du lac Okeechobee, l'autre par des Franco-Américains à Bélandville dans le nord-ouest de l'État.

La colonie huguenote de Fort Caroline

Les vastes savanes de pins et les marécages de la péninsule ne la prédestinent en rien à devenir le premier lieu de colonisation européenne du continent. Depuis 10 000 ans, une demi-douzaine de peuples indigènes sont installés en Floride, où ils cultivent le maïs, les fèves, la courge et la citrouille, et pêchent des conques et des huîtres sous un soleil rassurant[2]. De l'autre côté de l'Atlantique, l'esprit de la Renaissance ranime une ferveur impériale en Europe, qui s'exprime par une course pour établir un passage vers les Indes

---

[1] Gilles Havard et Cécile Vidal, *Histoire de l'Amérique française*, éd. revue, Paris, Flammarion, 2006, p. 31.
[2] Michael Gannon, *Florida: A Short History*, éd. revue, Gainesville, University of Florida Press, 2003, p. 1-4.

et assurer l'approvisionnement en épices. Cette route pouvant rapporter beaucoup à l'empire qui la découvrirait, d'immenses efforts sont déployés à l'échelle planétaire. Quand, en 1492, Christophe Colomb apprend aux Européens l'existence du continent nord-américain, 11 empires se lancent dans une grande aventure pour en exploiter les ressources naturelles, pour en évangéliser les peuples indigènes mais également pour y déverser la population européenne «excédentaire». Certains empires connaîtront plus de succès que d'autres.

C'est aussi l'époque du schisme d'Occident, qui scinde la chrétienté entre ceux qui restent fidèles au Vatican et ceux qui adhèrent aux 95 thèses (1517) de Martin Luther. Préconisant un rapport individualisé avec le Créateur par l'étude de la Bible dans sa langue vernaculaire, le protestantisme rejette plusieurs traditions de l'Église romaine, dont les indulgences, la majorité des sacrements et la hiérarchie vaticane[3]. La conversion de l'empereur de Prusse, du roi d'Angleterre et de nombreux anciens fidèles à ce nouveau credo inquiète le Vatican, qui se mobilise pour endiguer le protestantisme et le faire reculer en Europe. À l'issue des audiences du Concile de Trente (1542-1563), le protestantisme est condamné et le Vatican appelle à la reconquête idéologique et militaire des âmes «perdues», ce qui déclenche les guerres de religion (1560-1598). En France – et surtout dans sa partie ouest –, l'Église contraint «les huguenots[4]» à renoncer à leur fidélité à Jean Calvin, influent maître à penser du protestantisme.

L'Amérique n'échappera pas à ces conflits. C'est pendant les Pâques de 1513 que le gouverneur de Porto Rico, Juan Ponce de León, arrive au sud du Cap Canaveral et réclame «la Florida», terre des fleurs, pour le roi d'Espagne. En 1565, la première colonie européenne permanente de l'Amérique du Nord, Sainte-Augustine, y voit le jour. Sous le commandement de l'amiral Pedro Menéndez de Avilés, elle est rapidement dotée d'un fort, d'une église, d'un séminaire, d'un hôpital et d'un marché.

---

[3] Georges Langlois et Gilles Villemure, *Histoire de la civilisation occidentale*, 5ᵉ éd., Montréal, Beauchemin, 2012, p. 121, 130-135.

[4] *Ibid.*, p. 136-139.

Quelques années plus tôt, l'amiral français Gaspard de Coligny avait tenté d'établir une colonie dans cette région. Converti à la religion réformée en 1557, Coligny voulait encourager la coexistence religieuse et favoriser l'implantation de la France dans les Amériques[5]. Souhaitant que la France rivalise avec l'Espagne et le Portugal en Amérique du Sud, il avait établi une colonie au Brésil en 1555. Malgré ses espoirs d'y faire coexister huguenots et catholiques, l'aventure n'avait pas connu le succès. Il pense qu'une colonie huguenote aurait plus de chances de réussir en Floride, péninsule espagnole à partir de laquelle il pourrait, du même coup, faire un pied de nez à Madrid[6]. Les Espagnols, qui ont déjà des colonies à Cuba et à Porto Rico, portent peu d'intérêt à la Floride et s'arrêtent à la simple exploration de ses côtes. Le prince des Espagnes, Charles Quint, a même qualifié la péninsule d'«inutile[7]».

C'est dans cet esprit que l'éminent capitaine Jean Ribaut quitte Le Havre en France le 18 février 1562. Il traverse l'Atlantique en deux mois et demi, et il atteint l'embouchure de la rivière Saint-Jean le 1er mai. S'il est étonné par le «spectacle[8]» que lui offre une «infinité de beaux arbres élevés[9]» et un climat «bon, salubre, tempéré et fort plaisant[10]», Ribault laisse 30 hommes à l'embouchure et part fonder, plus au nord, la colonie de Charlesfort (plus tard, Charleston, en Caroline du Sud), avant de rentrer en France un mois plus tard[11]. Ribault laisse au Fort Caroline, non pas des agriculteurs et des diplomates, mais des guerriers, qui peineront à établir des rapports avec le peuple timuacan, sans lequel ils ne peuvent survivre. À ces derniers, on offre des pièces d'or et d'argent en échange de denrées alimentaires et de fourrures. Les Timuacans

---

[5] Gilles Havard et Cécile Vidal, *op. cit.*, p. 46.
[6] *Ibid.*, p. 49.
[7] Gilles Fonteneau, *Sur les traces des huguenots de la Floride. Expéditions en Charenta 1562-2007*, Paris, Le Croît vif, 2008, p. 40.
[8] Jean Ribaut, 1562, dans *ibid.*, p. 58.
[9] Jean Ribaut, «La complète et véridique découverte de la Terra Florida», 1562, dans Suzanne Lussagnet, *Les Français en Amérique pendant la Deuxième moitié du XVIe siècle. Les Français en Floride*, Paris, Presses universitaires de France, 1958, p. 7. Traduction de l'anglais au français d'un texte dont l'original, rédigé en français, n'a jamais été retrouvé.
[10] *Ibid.*, p. 18.
[11] Gilles Havard et Cécile Vidal, *op. cit.,* p. 50.

prêtent main-forte dans la construction des premières habitations, mais les pathogènes, transmis par les colons, réduisent le contingent indigène de 50 000 à quelques centaines de personnes en deux ans seulement[12].

La colonie connaît aussi des difficultés en raison des comportements des militaires qui la dirigent. En 1563, un deuxième groupe de huguenots quitte la France sous le commandement de René Goulaine de Laudonnière[13]. Ce dernier se montre imprudent puisqu'il s'engage à appuyer Satourioua, chef des Timuacans, dans un raid contre une tribu rivale, mais revient sur sa promesse[14]. Il établit aussi des rapports avec Utina, chef de la tribu ennemie, mettant en péril l'alliance tissée entre huguenots et Timuacans[15]. (Au siècle suivant, l'explorateur Samuel de Champlain retiendra de cette expérience la nécessité des alliances avec les peuples indigènes[16], dont les secours s'avéreront longtemps incontournables à la sécurité alimentaire et physique des colons.) Laudonnière agit impulsivement : il capture Utina en vue d'obliger sa tribu à nourrir la colonie française, ce qui provoque la guerre. Constatant l'échec de sa politique, il abandonne le camp en août 1565.

Au même moment, Jean Ribaut commande une flotte de 7 navires, comprenant 600 artisans, laboureurs, femmes et enfants venus raviver la colonie et paralyser le commerce espagnol dans les Antilles[17]. Le 28 août 1565, Ribault ayant appris que les Espagnols ont fondé Sainte-Augustine, à 70 kilomètres au sud de la colonie française, il décide d'y faire escale – pour l'attaquer – avant de se rendre à la Rivière de Mai. Malheureusement pour lui, une

---

[12] «AD 1564: Epidemic Decimates Timuacan in Florida», «Native Voices: Native Peoples' Concepts of Health and Illness», National Institutes of Health, United States National Library of Medicine [en ligne] : http://www.nlm.nih.gov/nativevoices/timeline/191.html, consulté le 6 juillet 2015.

[13] Suzanne Lussagnet, *op. cit.*, p. vi ; Gilles Havard et Cécile Vidal, *op. cit.*, p. 51.

[14] Gilles Havard et Cécile Vidal, *op. cit.*, p. 52.

[15] Michael Wintroub, «A War of All Against All: The Limits of Trust in Early Florida», La Floride Française: Florida, France and the Francophone World International Conference, Winthrop-King Institute for Contemporary French and Francophone Studies, Florida State University, Tallahassee (Floride), 21 février 2014.

[16] David Hackett Fischer, *Le rêve de Champlain*, trad. de l'anglais par Daniel Poliquin, Montréal, Boréal, 2012, p. 133, 197.

[17] Gilles Fonteneau, *op. cit.*, p. 64 ; Gilles Havard et Cécile Vidal, *op. cit.*, p. 53.

tempête tropicale emporte une part importante de sa flotte[18]. Lorsqu'il apprend les intentions du navire français, Menéndez rappelle à ses troupes la volonté du roi d'Espagne Philippe II de repousser toute initiative «hérétique» dans les Amériques; elles s'emparent donc du Fort Caroline et passe 132 hommes au fil de l'épée[19]. Le 28 septembre, 200 colons français sont poignardés et, le 12 octobre, une centaine d'autres sont exécutés, dont Ribault lui-même[20]. Gilles Havard et Cécile Vidal qualifient ce massacre des huguenots de «Saint-Barthélemy» américaine. La nouvelle atteint la France quelques mois plus tard, mais le malheur de ces colons protestants ne convainc pas la Cour royale de réagir. C'est donc une expédition civile de 180 huguenots, déterminés à prendre leur revanche, qui se rend en Floride en avril 1568. Elle sera accueillie à bras ouverts par Satourioua. Ensemble, ils détruisent trois forts espagnols, une riposte qui fait le bonheur de Coligny, rentré en France. Pourtant, ni Coligny ni Ribault ne tenteront de raviver la colonie du Fort Caroline[21]. Après l'abandon par les Français de tout effort de colonisation, le gendre de Menéndez, Hernando de Miranda, élève Sainte-Augustine au rang de capitale de la colonie floridienne en 1574[22]. L'aventure coloniale française en Floride sera suspendue pendant plus de deux siècles; période au cours de laquelle elle se concentrera vers Saint-Domingue, la Louisiane et le Canada. «Le souvenir de [cette] boucherie[23]» – l'expression est de Suzanne Lussagnet – sera plus tard commémoré par le toponyme anglo-espagnol Mantanzas Inlet, «l'anse au massacre». Quelques villages, dont Ribaut River, ainsi qu'une vingtaine de rivières et de détroits porteront des noms français ou latins, dont Charleston et Port Royal Sound (Caroline du Sud),

---

[18] Michael Gannon, *op. cit.*, p. 9.
[19] Suzanne Lussagnet, *op. cit.*, p. vi.
[20] Gilles Havard et Cécile Vidal, *op. cit.*, p. 54.
[21] *Ibid.*, p. 55.
[22] Gilles Fonteneau, *op. cit.*, p. 245.
[23] Suzanne Lussagnet, *op. cit.*, p. vii.

mais aussi French Cape (Floride), et rappelleront cette tranche de l'histoire[24].

La publication d'un ouvrage sur la Floride en 1591 par Jacques Le Moyne et Théodore de Bry, et la visite de John Hawkins aux ruines du Fort Caroline en 1586 convainquent les Anglais d'entreprendre la colonisation de l'Amérique[25]. Une controverse demeure toutefois sur l'emplacement du Fort Caroline, deux archéologues argumentant, malgré les artéfacts retrouvés dans la rivière Saint-Jean, que les descriptions du paysage dans les écrits de Ribault correspondent plutôt à l'embouchure de la rivière Altamaha, en Géorgie. Le cas échéant, les huguenots auraient eu affaire aux Guale – non aux Timuacans. Les preuves archéologiques sont contestées[26], et des fouilles additionnelles continuent d'alimenter les conversations. Même les linguistes débattront de la question : quand Jean Ribault situe le Fort Caroline à environ 130 kilomètres «au-dessuz[27][sic]» de la rivière Dauphin (plus tard, la rivière St. Mary's, en Géorgie), entend-il «au-dessus» ou «au-dessous»?

La Floride espagnole

Si l'aventure coloniale française en Floride s'est avérée éphémère, la longévité du règne espagnol (1565-1763, 1781-1819) demeurera longtemps inégalée. N'offrant aucune richesse naturelle – l'eau potable et l'énergie solaire n'y seront exploitables qu'au XXe siècle –, la Floride recèle peu d'importance économique,

---

[24] Allen Morris et Joan Perry Morris, *Florida Place Names*, Sarasota, Pineapple Press, 2002, p. 206 ; André Lapierre, «Restoring *Cap Françoys*: The Huguenot Toponymic Legacy in la Terra Florida», La Floride Française: Florida, France and the Francophone World International Conference, Winthrop-King Institute for Contemporary French and Francophone Studies, Florida State University, Tallahassee (Floride), 20 février 2014 ; Gilles Fonteneau, *op. cit.*, p. 28.

[25] Frank Lestringant, «Huguenots et Amérindiens : le laboratoire de la Floride (1562-1565)», Malena López Palmero, «The Representations of the French Colonization of Florida, 1562-1565» et Hélène Lhoumeau, «Les expéditions françaises en Floride: Expéditions maritimes et diplomaties européennes», La Floride Française, *op. cit.*, 20 février 2014.

[26] Martin Koppe, «Quand la France colonisait la Floride, une controverse encore d'actualité», Gentside Découverte, 1er mars 2014, [en ligne] : http://www.maxisciences.com/colonie/quand-la-france-colonisait-la-floride-une-controverse-encore-d-039-actualite_art32063.html, consulté le 7 juillet 2015.

[27] Fletcher Crowe et Anita Spring, «Fort Caroline: New Revelations», La Floride Française, *op. cit.*, 21 février 2014.

malgré son emplacement stratégique en tant que zone tampon entre les colonies espagnoles des Antilles et les territoires britanniques plus au nord. Au plan économique, la Floride dépend de subventions de l'Espagne pour assurer son fonctionnement, tandis qu'au plan politique, elle est dirigée par un gouverneur répondant au sylvain royal de Mexico et au gouverneur général de Cuba[28]. Des XVIe au XVIIIe siècles, les colons de la péninsule y cueillent du maïs, des fèves et du tabac, comme l'ont fait les peuples indigènes avant eux. Ils y sement du blé et du coton ; y élèvent des bisons, des bœufs et des chevreuils, particulièrement sur les prés des régions centrales[29]. Preuve de son positionnement stratégique, la colonie comprend un second fort dès 1698. Situé dans le manche du nord-ouest, San Carlos de Austria vise à protéger la colonie des visées expansionnistes de la Basse-Louisiane[30]. La paix dure une vingtaine d'années et est interrompue en mai 1719 lorsque le gouverneur de la Louisiane, Jean-Baptiste Le Moyne de Bienville, envahit le fort avec des guerriers indigènes. Le commandant de San Carlos n'offre aucune résistance et conclut une entente pour assurer que les colons garderont leurs possessions après le départ de la garnison ibérienne. La soixantaine de colons français n'y reste que trois ans et brûle ce qui reste d'établissements après le passage d'un ouragan en 1722[31]. Plusieurs colons gagnent alors Mobile ou Biloxi, des forts côtiers situés dans ce qui deviendra l'Alabama.

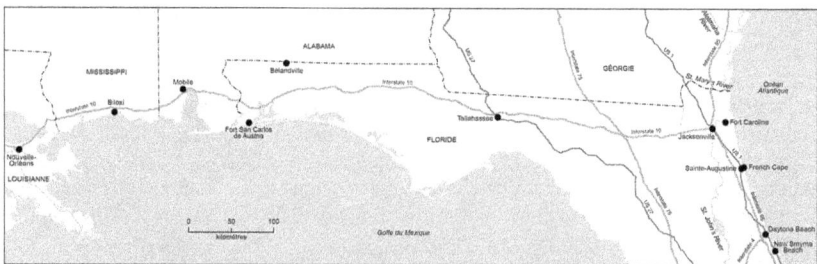

Philippe Desaulniers, Carte des principales routes et villes du Nord de la Floride, Centre interuniversitaire d'études québécoises (CIÉQ), Université Laval, 31 août 2015.

---

[28] Michael Gannon, *op. cit.*, p. 8, 16-17.
[29] *Ibid.*, p. 9-11.
[30] *Ibid.*, p. 14.
[31] « The French in Northwest Florida, 1719-1722 », Baker Block Museum [en ligne] : http://bakerblockmuseum.org/mahistory.htm, consulté le 6 juillet 2015.

Pour les Espagnols, la Floride a une importance religieuse, car le roi Philippe II veut convertir les peuples indigènes et faire des Amériques des continents catholiques. Malgré la lourdeur psychologique et physique du travail des missionnaires, l'Espagne entretient, depuis 1573, un réseau de 31 missions qui rejoint des dizaines de milliers d'autochtones[32]. À partir du XVIIIe siècle, les 13 colonies britanniques présentes sur le continent manifestent une volonté d'acquérir le territoire floridien et y effectuent de premiers raids, détruisant l'essentiel des missions espagnoles. Les franciscains qui survivent aux attaques se réfugient à Sainte-Augustine, mais aussi en Louisiane, où ils rejoignent des confrères français et canadiens. Pendant la Guerre de Sept-Ans (1756-1763), l'Espagne appuie la France pour empêcher un monopole anglais du continent. Leur défaite obligera Madrid à abandonner la Floride aux Anglais[33].

Gouvernée tantôt par les Britanniques, tantôt par les Espagnols, la Floride ne se trouvera pas dans le giron américain de manière définitive avant 1819. En en faisant l'acquisition en 1763, les Britanniques la divisent en deux, la Floride-Est et la Floride-Ouest devenant les quatorzième et quinzième colonies américaines. Pendant la Révolution américaine, 12 ans plus tard, les 3000 résidents d'origine espagnole se méfient du général Washington et prennent les armes dans les rangs de l'Empire britannique[34]. Les Florides servent alors de refuge pour des loyalistes, mais aussi pour des esclaves afro-américains en fugue, ce qui déclenche un flux migratoire similaire à celui que connaît la Province of Quebec pendant les mêmes années. La Guerre révolutionnaire favorise le commerce de fruits et de légumes et l'exportation de billots de pins. Quelques centaines de familles fondent alors une première ville britannique, New Smyrna, et la population des Florides atteint 1700 personnes[35]. Les Floridiens, de nouveaux arrivants pour la plupart, repoussent deux tentatives d'invasion par les patriotes américains, en 1778 et 1779, mais l'épuisement des

---

[32] Michael Gannon, *op. cit.*, p. 9-11.
[33] *Ibid.*, p. 16-17.
[34] *Ibid.*, p. 18-19.
[35] *Ibid.*, p. 20-24.

forces anglaises permet aux Espagnols de reconquérir la Floride-Ouest en 1781, ainsi que la Floride-Est deux ans plus tard.

Le retour de la colonie dans le giron espagnol ne se fait pas sans heurts. À partir des Bahamas, Américains comme Britanniques réussissent, tant sur mer que sur terre, à saboter le commerce espagnol. Mais la transformation la plus importante est démographique, l'Espagne permettant à des colons de toutes origines d'obtenir des concessions dans ses colonies. S'effectue alors une ruée d'Anglo-Américains en Floride, ce qui amène la population espagnole à devenir minoritaire. La sympathie pour un rapprochement, voire une annexion, à la République américaine prend de l'ampleur[36].

Cette mutation se passe alors qu'une première décolonisation permet aux Latino-Américains de s'affranchir du joug espagnol et que la Guerre de 1812, opposant les États-Unis au Royaume-Uni, bat son plein. Les incursions périodiques des soldats britanniques ou américains finissent par épuiser les colons. Reconnaissant qu'elle ne pourra plus se maintenir dans le sud-est de l'Amérique du Nord, l'Espagne cède les deux provinces péninsulaires à la République américaine en février 1819. La Floride, sur laquelle on a établi une juridiction unique (les deux colonies sont fusionnées), devient un territoire américain le 4 mars 1822[37]. Le Congrès établit le siège politique du territoire à Tallahassee, à mi-chemin entre les anciennes capitales de Pensacola et de Sainte-Augustine.

Pendant les 10 années qui suivent, la population de la Floride atteint 35 000 personnes, dont une majorité d'esclaves noirs[38] et une minorité rétrécissante de résidents d'origine espagnole. Lorsqu'en 1845, le territoire devient un État américain, sa démographie ressemble à celle des autres territoires et États du Sud profond; comme ailleurs, elle fonde sa stabilité économique sur l'esclavage dans les plantations. Tout comme pour le legs français qui l'a précédée, la présence espagnole se réduit rapidement aux toponymes et aux monuments historiques, épars et pâlissants

---

36 *Ibid.*, p. 26.
37 *Ibid.*, p. 27-28.
38 *Ibid.*, p. 30-31.

derrière le «destin manifeste[39]» de la première république du monde moderne. Dans cette région où la mémoire est courte et la réinvention continuelle, on ne s'étonnera pas que les traces laissées par les Canadiens français avant 1945 disparaîtront rapidement, elles aussi, du territoire.

L'émigration des Canadiens français sur le continent

Plus au nord, pêcheurs normands et bretons ont établi les premiers contacts avec les peuples indigènes au tournant du XVIe siècle; l'explorateur Jacques Cartier a été le premier à remonter le fleuve Saint-Laurent en 1534 et à ramener fourrures et métaux précieux en France[40]. Puis, l'explorateur et cartographe Samuel de Champlain a fondé les premières colonies françaises d'Amérique, à Port-Royal en 1604 et à Québec en 1608. Obtenant des monopoles sur la traite des fourrures de la couronne française, ces explorateurs devaient une large part de leur succès à leur intégration au réseau commercial des peuples indigènes. L'Église catholique a aussi contribué au développement de la colonie en établissant paroisses, écoles et missions. Au fil des générations, on a adopté des technologies locales, et développé des mœurs distinctes de celles en France[41]. En 1663, le roi Louis XIV a confirmé que la France prendrait part à la colonisation de l'Amérique du Nord, qu'elle comptait occuper une part de ce continent dont s'emparait rapidement la Grande-Bretagne. Louis XIV a alors dépêché des milliers de colons pour explorer les terres intérieures de la vallée laurentienne et fonder des postes plus au sud, dont à la Nouvelle-Orléans en 1682 et au Détroit en 1701.

Malgré les efforts de la France, la Guerre de Succession d'Autriche – qui l'opposait à l'Angleterre –, a éclaté. Transposé au théâtre nord-américain, le conflit a entraîné la dépossession territoriale des Acadiens et la déportation de la moitié d'entre eux des Maritimes vers l'Europe, les colonies américaines et la Louisiane[42].

---

[39] Le *Manifest Destiny* est une idéologie selon laquelle la nation américaine a pour mission divine de répandre la démocratie et la civilisation dans le monde.
[40] Yves Frenette, *Brève histoire des Canadiens français*, Montréal, Boréal, 1998, p. 13-19.
[41] *Ibid.*, p. 26-35.
[42] Gilles Havard et Cécile Vidal, *op. cit.*, p. 644.

La France, malgré certains succès, a été vaincue et a choisi, au moment de négocier le Traité de Paris en 1763, de rendre la Nouvelle-France à Londres dans l'espoir de préserver ses prospères plantations de canne à sucre des Antilles[43]. La Louisiane est restée française pour un moment, grâce en partie à la présence des 3000 Acadiens qui venaient d'y être déportés. Au cours des décennies qui vont suivre, elle sera soumise aux ambitions expansionnistes de la nouvelle République américaine, conjugué au besoin de revenus pour financer la Révolution française et maintenir la neutralité américaine, l'Empereur Napoléon Bonaparte a vendu le bassin du fleuve du Mississippi à Washington[44].

C'est ainsi qu'en 1803, les 65 000 Canadiens du Saint-Laurent, les 6000 Acadiens réfugiés dans les forêts des Maritimes et les 15 000 colons d'origine française, cadienne ou créole en Louisiane se trouvent sous la tutelle de Londres ou de Washington[45]. La notion de souveraineté n'étant pas, à l'époque, synonyme de possession territoriale[46], la population d'origine française occupe alors un « territoire aux frontières floues[47] », selon les historiens Catherine Desbarats et Thomas Wien. Oscillant entre le rêve d'un empire perdu et la créolisation, les « Canadiens » du continent subiront de nombreux revers aux mains des maîtres américain et britannique, mais ces premiers habitants feront aussi preuve de résilience étonnante...

La fin du régime français en Amérique amène plusieurs administrateurs et marchands à rentrer en France, mais la grande majorité des voyageurs et des agriculteurs demeurent sur place. Plusieurs concessions sont consenties aux « Canadiens » dès 1774, soit de maintenir le droit coutumier de Paris, la religion catholique, la langue française et le régime seigneurial – des libertés n'existant pas encore en Grande-Bretagne. Les sujets canadiens obtiendront

---

[43] Yves Frenette, *op. cit.*, p. 35-38.

[44] Gilles Havard et Cécile Vidal, *op. cit.*, p. 692-693, 700.

[45] *Ibid.*, p. 717-718.

[46] Catherine Desbarats et Allan Greer, « Où est la Nouvelle-France ? », *Revue d'histoire de l'Amérique française*, vol. 64, n°s 3-4, hiver-printemps 2011, p. 31-62.

[47] Catherine Desbarats et Thomas Wien, « Introduction : la Nouvelle-France et l'Atlantique », *Revue d'histoire de l'Amérique française*, vol. 64, n°s 3-4, hiver-printemps 2011, p. 7.

même le droit d'être représentés dans une assemblée législative. Ces gestes ne sont pas entièrement désintéressés, Londres cherchant surtout à éviter les défections de Canadiens du côté des révolutionnaires américains. Stratégique, le conquérant offre des accommodements aux Canadiens, tout en les marginalisant, petit à petit, des lieux de pouvoir économique et politique. Ils seront largement surreprésentés dans le secteur agricole et parmi les ouvriers non qualifiés pendant environ deux siècles[48].

Le développement de la médecine, l'amélioration de la salubrité des villes et la diffusion d'un discours religieux axé sur la « mission providentielle » des Canadiens français en Amérique favorisent la natalité, au point où, après seulement quelques décennies, la vallée laurentienne est surpeuplée. L'agriculture de subsistance qu'on y pratique au XIXe siècle ne peut répondre aux besoins et les fermes accusent un sérieux retard au plan de la mécanisation. C'est ce qui amène, entre 1840 et 1930, un important courant migratoire dans la périphérie immédiate de la vallée laurentienne : près de 200 000 Canadiens français se rendent vers les terres, forêts et mines de l'Ontario, et près de 600 000 autres se dirigent vers les usines de textile de la Nouvelle-Angleterre. De plus, des dizaines de milliers de colons gagnent les terres du Midwest américain, des Prairies canadiennes, ou pratiquent la traite des fourrures dans le Nord-Ouest et la vallée de l'Ohio[49]. C'est dans ce contexte de marginalisation politicoéconomique et de départs massifs que « le sentiment national, timide sous le régime français, est attisé[50] ». Le phénomène prenant de l'ampleur au milieu du XIXe siècle, professionnels libéraux et clercs tâchent d'ériger des institutions, de se doter des symboles, d'une mémoire et d'un sentiment d'appartenance à une « Église-nation ». Trouvant d'abord son foyer dans la vallée laurentienne, le projet national canadien-français s'étend à de nouveaux territoires et favorise le développement institutionnel des communautés[51].

---

[48] Yves Frenette, *op. cit.*, p. 45-50.
[49] *Ibid.*, p. 37-42.
[50] *Ibid.*, p. 45.
[51] *Ibid.*, p. 9-10.

La Floride compte parmi les lieux de migration canadienne-française du XIXe siècle, bien qu'on sache peu de choses à ce sujet. Selon Dupont, Gilbert et Louder, à l'hiver 1819, une première cohorte d'ouvriers canadiens-français se serait dirigée vers les berges du Golfe du Mexique pour y travailler dans les moulins forestiers[52], mais la source de ce renseignement est introuvable. On ne semble pas en mesure de déterminer le nombre d'ouvriers, les postes qu'ils auraient occupé, la fréquence de leurs mouvements, ni si certains s'y seraient établis en permanence. Par exemple, un Abraham Dupont, probablement d'origine française ou canadienne-française, prête son patronyme à un village près de Palm Coast en 1835, mais on ne sait rien de plus sur cet établissement[53].

Les historiens Eric Jarvis et Robert Harney identifient les années 1870 comme le début d'un courant migratoire saisonnier de Canadiens vers les moulins du Golfe[54]. D'ailleurs, la première loi floridienne visant à limiter le travail des étrangers est décrétée pendant la décennie, pour contrer la présence croissante d'ouvriers canadiens. Le Workingmen's Association, un syndicat d'ouvriers afro-américains, aurait fait pression, selon Harney, afin d'obliger un ouvrier étranger à vivre au moins six mois dans l'État avant de pouvoir s'y faire embaucher[55]. Une émeute aurait même éclaté à Pensacola en 1872 contre les étrangers.

En fin de siècle, les plus denses forêts de cèdres et de pins ayant été rasées, l'industrie du bois en Floride amorce un déclin, qui devient définitif lorsqu'un ouragan détruit plusieurs moulins de la côte en 1896[56]. Le flux migratoire de Canadiens se maintient pourtant. Quelques récits sont connus, dont celui d'un fermier laitier qui quitte le Québec en 1896 pour s'installer à Buck Key,

---

[52] Louis Dupont, Anne Gilbert et Dean Louder, «Les Floribécois dans le contexte de la Floride du Sud, 1994», document inédit, février 1994, p. 5.

[53] Allen Morris et Joan Perry Morris, *op. cit.*, p. 20.

[54] Eric Jarvis, «Florida's Forgotten Ethnic Culture: Patterns of Canadian Immigration, Tourism, and Investment since 1920», *Florida's Historical Quarterly*, vol. 21, n° 2, 2002, p. 186-187.

[55] Robert F. Harney, «The Palmetto and the Maple Leaf: Patterns of Canadian Migration to Florida», dans Randall M. Miller et George E. Pozetta (dir.), *Shades of the Sunbelt. Essays on Ethnicity, Race, and the Urban South*, Westport (Connecticut), Greenwood Press, 1988, p. 29.

[56] Michael Gannon, *op. cit.*, p. 58.

près de Cape Coral[57]. La famille y plante et cultive des arbres fruitiers le jour et admire les couchers du soleil sur le Golfe le soir.
Mais, comme pour les ouvriers, le sort des agriculteurs migrants
n'est pas forcément plus heureux. Selon Ellimore Mayer Dormer,
le fils de cet agriculteur sera tué par un coup de bêche à la tête lors
d'une bagarre avec des ouvriers afro-américains[58].

Aperçu à vol d'oiseau de Cedar Key, Fla., Levy Co., 1884, Library of Congress,
https://www.loc.gov/resource/g3934c.pm001115/, consulté le 17 février 2016.

De tels épisodes de violence sont monnaie courante en Floride.
L'arrivée de propriétaires agraires (et de leurs esclaves) a marginalisé la population hispanique et provoqué des affrontements entre
migrants et Séminoles, installés sur les concessions intérieures que
les Espagnols leur ont reconnues. Les Américains refusent d'hono-
rer la promesse faite aux Séminoles en 1823, de leur créer une
réserve de quatre millions d'acres en Floride centrale. Les Séminoles
engagent des combats avec les conquérants, ce qui mènera à leur
déportation vers une réserve de l'Arkansas en 1834[59]. À l'issue d'un
second conflit en 1857, il ne reste plus que quelques centaines de
Séminoles réfugiés dans les Everglades. Leurs terres évacuées, la
colonisation par des migrants de souche européenne connaît un
essor inouï. Entre 1845 et 1860, on fait construire une deuxième

---

[57] Ellimore Mayer Dormer, *The Sea Shell Islands. A History of Sanibel and Captiva*, New
York, Vantage Press, 1975, p. 168.
[58] Ellimore Mayer Dormer, *op. cit.*, p. 169.
[59] Micheal Gannon, *op. cit.*, p. 32, 35.

puis une troisième voie ferrée, ce qui contribuera à faire doubler la population[60].

Dans la foulée de ces bouleversements démographiques, les recensements américains consignent la présence de résidents permanents canadiens. En 1870, le U.S. Census Bureau dénombre 174 résidents nés en «Amérique britannique[61]» (les colonies canadiennes) et 126 résidents nés en France[62]. On ne connaît pas les raisons précises qui amènent l'évêque de Montréal, Mgr Ignace Bourget, à dépêcher trois missionnaires canadiens-français en Floride[63], parmi une cohorte de missionnaires envoyés aux États-Unis, mais la volonté de convertir le continent au catholicisme, une dimension phare de la mission «providentielle» des Canadiens français en Amérique, compte sans doute parmi ses motivations. L'un des trois délégués, Augustin Cauchon dit Laverdière, né à Montmorency (Bas-Canada) en 1840, se rend à Key West en 1867, deux ans après son ordination[64]. En 1868, Bourget le remercie, dans une lettre, d'avoir «prouv[é] son amour pour la sainte Église, en se consumant de travaux pour la répandre et l'exalter dans les lieux les plus lointains[65]». En rédigeant ces mots, Bourget ne s'imagine manifestement pas que Laverdière habite une ville prospère, à la température clémente et qui fonde sa fortune sur la récupération des biens de bateaux naufragés. Le sacrifice de Laverdière s'accomplit probablement plus facilement que celui de ses confrères dépêchés dans l'Arctique ou en Afrique. Arrivé dans les Keys à l'âge de 27 ans, l'abbé Laverdière passera le reste de ses jours avec des prêtres d'origine française et irlandaise à la basilique

---

[60] *Ibid.*, p. 37, 40.

[61] Soit le Canada, car les immigrants des «Indes occidentales britanniques» constituent une catégorie recensée séparément.

[62] «1870 + Persons Born in British America + Persons Born in France + Florida», Historical Census Browser, University of Virginia Library [en ligne] : http://mapserver.lib. virginia.edu/php/start.php?year=V1870#2, consulté le 6 juillet 2015.

[63] François Beaudin, «Prêtres de Montréal en mission aux États-Unis (1836-1876)», *Revue d'histoire de l'Amérique française*, vol. 21, n° 4, automne 1968, p. 792.

[64] J.-B.-A. Allaire, *Dictionnaire biographique du clergé canadien-français*, tome 3, 4e supplément, Québec, Éditions de L'Action sociale, 1918, p. 39.

[65] Ignace Bourget, Lettre à Augustin Laverdière, 11 janvier 1868, dans François Beaudin, *op. cit.*, p. 802.

Sainte-Marie-de-l'Étoile-de-Mer[66]. Il y croise sans doute la Congrégation du Saint-Nom-de-Jésus-et-Marie, arrivée de Montréal quelques années avant lui. En 1868, les cinq religieuses ouvrent la première école catholique de la Floride. Située à 150 kilomètres de La Havane (Cuba), Key West constitue aussi une porte d'entrée méridionale pour répandre le catholicisme en Amérique du Nord. On a du pain sur la planche, car les catholiques ne représentent que 3 % de la population de l'État[67]. Le couvent pour jeunes filles de la Congrégation est agrandi pour inclure une école pour les Afro-Américaines et, dès 1873, une troisième école visant les filles cubaines.

L'État prenant une allure sudiste depuis son annexion – pourtant relativement récente – aux États-Unis, on ne s'étonne pas que la Floride appuie la Confédération pendant la Guerre de Sécession, ce qui ne l'empêche pas de vendre du bétail et des denrées agricoles à l'ensemble des belligérants pendant le conflit[68]. Après la Reconstruction (1865-1877), l'instauration de lois ségrégationnistes, comme ailleurs dans le Sud, accentue la paupérisation et la marginalisation politique des Afro-Américains[69]. Dans ce contexte, la présence canadienne-française retient peu l'attention...

Les premières colonies canadiennes-françaises

Si républicains et démocrates, à la fin du XIXe siècle, ne s'entendent pas sur les moyens pour encourager la cohésion sociale dans le Sud, ils partagent une même volonté de développer la Floride au plan infrastructurel, afin qu'elle puisse accueillir de nouveaux colons et migrants[70]. En 1880, la population de l'État s'élève à 269 493 personnes, soit une croissance de 90 % sur deux décennies. Pour attirer encore plus de migrants, les gouverneurs qui se succèdent défendent l'idéal des libertés individuelles et maintiennent un faible niveau de taxation, une pratique qui marquera la Floride dans la durée.

---

[66] «History of Our Parish», *The Basilica of Saint Mary Star of the Sea Key West, Florida* [en ligne] : http://www.stmarykeywest.com/home/history-of-the-parish/, consulté le 6 juillet 2015.

[67] Michael Gannon, *op. cit.*, p. 74.

[68] *Ibid.*, p. 41-43.

[69] *Ibid.*, p. 46-50, 56.

[70] *Ibid.*, p. 51-53.

Selon Michael Gannon, l'État aura conséquemment peu de marge de manœuvre afin de mettre en place des services publics, dont le régime naissant d'instruction publique.

Entretemps, dans la vallée laurentienne, une importante hausse de la natalité fait passer la petite population de 65 000 Canadiens (1763) à 825 000 (1861)[71]. Cette croissance ne vient pourtant pas sans défis. D'abord, la division des terres familiales d'une génération à l'autre réduit rapidement la taille du lopin moyen. La propagation de virus humains et de parasites dans l'agriculture en diminue la capacité à assurer la subsistance d'un aussi grand nombre de personnes[72]. L'historien Fernand Ouellet rappelle que la préservation de méthodes agricoles traditionnelles restreint la croissance de la productivité sur ces terres[73]. L'exil étant considéré, par les prêtres nationalistes, comme un abandon du projet de la «survivance», ils incitent les fidèles à participer au défrichement de nouvelles terres en Abitibi, au Saguenay, dans les Laurentides et dans les Cantons-de-l'Est. Bien que ces efforts, dans la deuxième moitié du XIXe siècle, augmentent de 78 % la superficie des terres cultivées au Québec, il n'y a pas que le curé François-Xavier-Antoine Labelle qui prêche les vertus de la colonisation des flancs de montagne[74]. Des «prêtres-colons» ouvrent également de nombreux arpents au Madawaska, dans l'est et le nord-est de l'Ontario, dans les Prairies canadiennes, au Vermont et dans le Midwest américain. Pourtant, la plupart des agriculteurs qui quittent la terre se dirigent vers les usines de Montréal, Québec ou de la Nouvelle-Angleterre[75].

---

[71] Yves Frenette, *op. cit.*, p. 75.

[72] *Ibid.*, p. 55.

[73] Fernand Ouellet, *Histoire économique et sociale du Québec (1760-1850)*, Montréal, Fides, 1966, p. 202.

[74] Gabriel Dussault, «François-Xavier-Antoine Labelle», dans *Dictionnaire biographique du Canada, Volume XII (1891-1900)*, Université Laval / University of Toronto, 1990 [en ligne]: http://www.biographi.ca/fr/bio/labelle_francois_xavier_antoine_12E.html, consulté le 7 juillet 2015; Yves Frenette, *op. cit.*, p. 53, 79.

[75] Jean Lamarre, *Les Canadiens français du Michigan: leur contribution dans le développement de la vallée de la Saginaw et de la péninsule du Keweenaw, 1840-1914*, Sillery, Septentrion, 2000, 224 p., Virgil Benoît, «De Minomin à Wild Rice en passant par Folle Avoine: une histoire du Midwest», dans Dean Louder et Éric Waddell, *Franco-Amérique*, Sillery, Septentrion, 2008, p. 253-267.

Du côté de la Floride, il faut attendre que soit complétée la première voie ferrée avant que le territoire soit élevé au rang d'État américain en 1845[76]. Quatre ans plus tard, le *Swamp and Overflowed Lands Act* permet aux autorités de drainer d'importantes surfaces marécageuses du tiers méridional de la Floride, une région considérée propice à l'urbanisation et à l'agriculture. En 1861, un chemin de fer traverse les Everglades, suivi, en 1925, d'une première route qui emprunte sensiblement le même parcours. La rive sud du lac Okeechobee devient alors une destination agricole[77]. Depuis la Guerre de Sécession, les agriculteurs floridiens s'éloignent progressivement de la culture du coton, devenue moins rentable après l'abolition de l'esclavage, et se tournent vers l'élevage bovin et la culture de légumes d'hiver[78].

Au tournant du XXe siècle, des investisseurs canadiens-anglais se rendent en Floride, décidés à prendre part à la colonisation agricole. La minuscule classe d'affaires locale invite banquiers et industriels canadiens-anglais à visiter le sud-est de l'État, dans l'espoir qu'ils contribuent à son développement agricole et touristique[79]. On leur déroule le tapis rouge, on les amène à la plage et on hisse même l'Union Jack au-dessus de l'hôtel qui les héberge. Les efforts portent fruit. Ainsi, en avril 1916, T.M. McCormick, dirigeant de la compagnie familiale de craquelins et de friandises, se procure 160 acres de terrain à Moorehaven, sur les berges du lac Okeechobee, pour y semer le blé et les pommes de terre nécessaires à la confection de ses biscuits. La transaction ne passe pas inaperçue dans les médias[80]. C'est également durant cette période (1913)

---

[76] Michael Grunwald, *The Swamp. The Everglades, Florida, and the Politics of Paradise*, New York, Simon & Schuster Publishing, 2006, p. 66.

[77] «2,000 Cars Travel Conners Highway Through Canal Point Opening Day», *The Everglades News*, 11 juillet 1924, p. 1, dans Palm Beach County Library (PBCL), West Palm Beach (Floride), Collection de microfilms; Michael Grunwald, *op. cit.*, p. 67-68.

[78] Michael Gannon, *op. cit.*, p. 60-61, 63, 70.

[79] *The Tropical Sun*, 28 mars 1902; «Canadians Coming», *The Tropical Sun*, 16 janvier 1913; «Canadian Praises Real Estate Here: Predicts Great Future for Palm Beach upon His Return Home», *The Palm Beach Post*, 22 avril 1924, dans Historical Society of Palm Beach County Archives (HSPBCA), West Palm Beach (Floride), Fonds «Populations», vol. «Canadians in Florida».

[80] «Canadian Merchant Believes in Glades», *The Palm Beach Post*, 7 avril 1916, dans HSPBCA, Fonds «Populations», vol. «Canadians in Florida».

que voit le jour le premier club canadien-anglais, à Saint Petersburg, réunissant investisseurs et vacanciers prospères[81]. Leur présence, toutefois, rappelle la cruelle iniquité économique entre Canadiens anglais et Canadiens français, les près de 200 résidents permanents canadiens-français y travaillant essentiellement à l'époque comme ouvriers et agriculteurs[82].

Certains des premiers Canadiens français résidant en Floride quittent temporairement l'agriculture pour s'enrôler dans l'armée américaine lorsqu'éclate le Première Guerre mondiale. C'est le cas de Joseph Carrier, né en 1886 à Saint-Anselme (Québec) et habitant de Larkin, près de Miami, qui rejoint la U.S. Army comme caporal en novembre 1917, sept mois après l'entrée des États-Unis dans la guerre[83]. Wilfrid Carrier, âgé de 21 ans et probablement un proche, habite aussi Larkin; soldat de deuxième classe, il subit des blessures pendant le conflit[84]. Raoul Charbonneau, né à Montréal en 1892 et résident de Zephyrhills dans le centre de l'État, servira près de deux ans et sera « légèrement » blessé[85]. Émile Jasmin, né à Dunham (Québec) en 1889 et résident de Fellsmere, près de Vero Beach, aura le rang de caporal et servira outre-mer pendant 18 mois[86]. Emery Provencher, né à Sainte-Monique (Québec) en 1899, s'enrôle à Fort Pierce le mois suivant son 18e anniversaire et sert outre-mer

---

[81] Godefroy Desrosiers-Lauzon, *Florida's Snowbirds: Spectacle, Mobility, and Community since 1945*, Montréal, McGill-Queen's University Press, 2011, p. 187.

[82] «1910 + Persons Born in Canada (French) + Native White Persons w/ Both Parents Born in Canada (French) + Florida», Historical Census Browser, University of Virginia Library [en ligne]: http://mapserver.lib.virginia.edu/php/start.php?year=V1910#2, consulté le 7 juillet 2015.

[83] «Joseph Carrier», Florida Memory, Florida Department of State, Department of Library and Information Services [en ligne]: http://www.floridamemory.com/items/show/199293, consulté le 7 juillet 2015.

[84] «Wilfrid Carrier», Florida Memory, Florida Department of State, Department of Library and Information Services [en ligne]: http://www.floridamemory.com/items/show/199295, consulté le 7 juillet 2015.

[85] «Raoul R Charbonneau», Florida Memory, Florida Department of State, Department of Library and Information Services [en ligne]: http://www.floridamemory.com/items/show/199708, consulté le 7 juillet 2015.

[86] «Émile M Jasmin», Florida Memory, Florida Department of State, Department of Library and Information Services [en ligne]: http://www.floridamemory.com/items/show/201838, consulté le 7 juillet 2015.

pendant un an[87]. Paul LeBlanc, peut-être un migrant acadien, habite Miami avant de servir comme sergent en Europe pendant 18 mois[88]. D'autres Canadiens français s'engagent pour la durée du conflit. C'est le cas de Narcisse Desrosiers, résident de San Antonio dans le centre floridien, qui s'enrôle en juillet 1915 et reste en poste jusqu'à l'abolition de son régiment en 1920[89]. Ces exemples d'engagement militaire mettent en lumière le fait que plusieurs Canadiens français entreprennent des migrations individuelles et s'intègrent rapidement à la vie américaine.

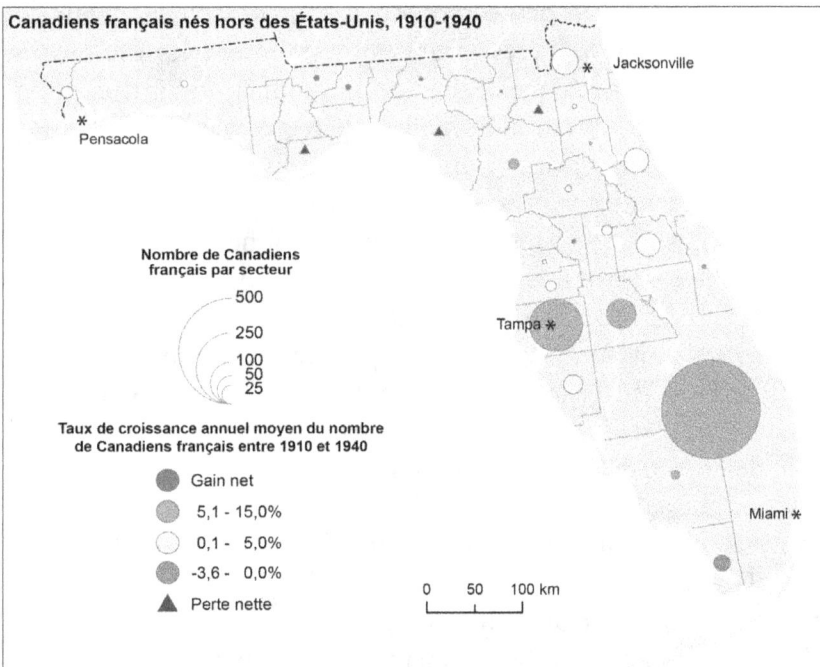

Philippe Desaulniers, Taux de croissance du nombre de Canadiens français selon les données du U.S. Census Bureau (1910, 1940), CIÉQ, Université Laval, 31 août 2015.

---

[87] «Emery Provencher», Florida Memory, Florida Department of State, Department of Library and Information Services [en ligne] : http://www.floridamemory.com/items/show/204682, consulté le 7 juillet 2015.

[88] «Paul LeBlanc», Florida Memory, Florida Department of State, Department of Library and Information Services [en ligne] : http://www.floridamemory.com/items/show/216311, consulté le 7 juillet 2015.

[89] «Narcisse Desrosiers», Florida Memory, Florida Department of State, Department of Library and Information Services [en ligne] : http://www.floridamemory.com/items/show/211551, consulté le 7 juillet 2015.

Deux projets de colonisation contribuent à augmenter leur nombre au cours des décennies 1920 et 1930. En janvier 1924, l'enthousiasme pour la Floride est tel qu'un groupe d'agriculteurs du Nouveau-Brunswick et du Maine achète une concession de 1000 acres en vue d'y installer de 50 à 75 familles[90]. Le *Palm Beach Post* rapporte que ces prospecteurs ont visité l'Iowa, la Caroline du Nord et la Géorgie avant d'arrêter leur choix sur la Floride, qui offre des terrains à prix abordable à tout colon s'engageant à les défricher. Selon le groupe, les exportations canadiennes de pomme de terre sont en train de s'écrouler devant la montée au début des années 1920 des barrières tarifaires qu'imposent les États-Unis, destinataire de la majeure partie de la production agricole canadienne. Ceux-ci optent alors pour cultiver et vendre des denrées agricoles à l'intérieur des frontières américaines.

Depuis quelques années, les campagnes publicitaires et les journaux vantent les terres fertiles en Floride, qui ne sont atteintes par la gelée qu'exceptionnellement[91]. Le lac Okeechobee est le deuxième plus grand lac d'eau douce aux États-Unis; ses berges n'exigent aucun défrichage et sont, jusqu'à deux miles vers l'intérieur, à l'abri du gel[92]. Même si les inondations et les ouragans guettent ces terres à l'occasion, on peut y cultiver la banane, la noix de coco, l'avocat, la canne à sucre, mais aussi des tomates et des pommes de terre pendant l'hiver[93]. On ne connaît pas le nombre de familles acadiennes qui s'établissent dans la région après la mission exploratoire de 1924. Malgré les espoirs initiaux d'y construire une église, une école et un village, les familles acadiennes semblent plutôt avoir participé individuellement à la migration. Quelques patronymes acadiens se retrouvent dans le

---

[90] «Connors Sells 1,000 Acres to Florida Colony of French Canadians», *The Palm Beach Post*, 22 janvier 1924, dans HSPBCA, Fonds «Populations», vol. «Canadians in Florida».

[91] «Frost Hits Beans All Around Lake», *The Everglades News*, 26 février 1925, dans PBCL, Collection de microfilms; Gary Mormino, *Land of Sunshine, State of Dreams: A Social History of Modern Florida*, Gainesville, University Press of Florida, 2005, p. 209.

[92] «Opportunities in the Upper Everglades», *The Everglades News*, 17 octobre 1924, dans PBCL, Collection de microfilms.

[93] «Coconuts for Babies», *The Everglades News*, 13 février 1925, p. 3; «$1,000,000 Coming to our Growers for Vegetables», *The Everglades News*, 21 mars 1924; Howard Sharp, «Upper Glades Seen as a Great Lake on a Trip Through Flooded Area», *The Everglades News*, 14 novembre 1924, dans PBCL, Collection de microfilms.

journal de Moore Haven – dont les Thibodeaux de Canal Point[94] et Jules M. Burguières, gérant de la Southern States Land & Timber Company, originaire de la Louisiane et qui connaît un succès dans l'industrie de la canne à sucre depuis 1915[95]. Le *Everglades News* mentionne la présence du contremaître W.H. Guy, qui travaille au prolongement de la voie ferrée Florida East Coast dans la région[96]. D'autres patronymes français sont rapportés dans ces pages entre 1924 et 1926, dont André, Avant, Duchaîne, Lozier, Martin et Simon, même s'ils sont peu nombreux dans l'ensemble[97]. Certains d'entre eux achètent des terrains importants. C'est le cas de John et Susan Dupuis, qui établissent un ranch de 22 000 acres où, à son apogée, on élève 2500 vaches ainsi que 2000 chèvres et moutons[98].

Parmi les colons de langue française d'outre-mer, Pierre Maheu, originaire d'une région rurale de la Wallonie, connaît un succès éclatant à Okeechobee après son arrivée en 1922[99]. Si les Canadiens français n'y forment pas une colonie bien ficelée, leur présence dans la région est notable, tout comme celle d'autres francophones. Un premier violent ouragan, le 11 septembre 1926, change pourtant la donne; la tempête détruit 5000 maisons et en endommage 9000 autres dans le sud-est[100]. Le village de Belle Glade, construit rapidement en 1925 et abritant quelques Canadiens français, est

---

[94] «Canal Point», *The Everglades News*, 13 février 1925, p. 5, dans PBCL, Collection de microfilms.

[95] «History of Cane in this County», *The Everglades News*, 17 octobre 1924; «Muck Farm Lands Taken Over by Burguières, Inc.», *The Everglades News*, 8 octobre 1926, p. 1, dans PBCL, Collection de microfilms.

[96] «F.E.C. Railroad Within 4 miles of Canal Point», *The Everglades News*, 12 décembre 1924, p. 1, dans PBCL, Collection de microfilms.

[97] «Canal Point», *The Everglades News*, 19 septembre 1924, p. 9; «Canal Point», *The Everglades News*, 17 octobre 1924, p. 9; «People We Know», *The Everglades News*, 21 novembre 1924, p. 4; «Glades Realty Transfers», *The Everglades News*, 12 décembre 1924, p. 2; *The Everglades News*, 12 février 1926, p. 1-2, dans PBCL, Collection de microfilms.

[98] Susan D. Jewel, *Exploring South Florida: A Guide to Finding the Natural Areas and Wildlife of the Southern Peninsula and the Florida Keys*, Sarasota, Pineapple Press, 2002, p. 176; «Dupuis Auto Tour», South Florida Water Management District (2013), p. 2 [En ligne]: http://www.sfwmd.gov/portal/page/portal/xrepository/sfwmd_repository_pdf/autotour.pdf, consulté le 7 juillet 2015.

[99] «Young Belgian Makes Good in the Everglades», *The Everglades News*, 23 janvier 1925, p. 4, dans PBCL, Collection de microfilms.

[100] Michael Gannon, *op. cit.*, p. 84.

Philippe Desaulniers, Carte des principales routes et villes du Centre et du Sud de la Floride, CIÉQ, Université Laval, 31 août 2015.

pratiquement anéanti[101] par une seconde tempête tropicale. Deux ans plus tard, l'ouragan du 6 septembre 1928 noie plus de 2500 résidents, la majorité des habitants de la région[102]. « *The bodies of many known to have lived in the region were never found*[103] », rappelle Michael Gannon, plusieurs victimes ayant été ensevelies dans la boue profonde des Everglades. En réponse, l'État construira une levée sur la berge méridionale du lac pour éviter la répétition d'une telle catastrophe[104]. Le *Everglades News* cessera sa publication.

Des colons cadiens et canadiens-français installés ailleurs dans l'État connaissent un sort moins tragique. C'est le cas de James Vocelle, né d'une famille cadienne en 1897 près de la frontière floridienne, à St. Mary's (Géorgie). En 1944, il est nommé directeur de l'alimentation et des boissons de la Floride dans l'administration du gouverneur démocrate Millard Caldwell. Le recensement de 1940 offre peu de détails sur l'origine ethnique des résidents de la Floride et ne recense pas la présence de Franco-Américains ou de Cadiens; il dénombre tout de même 1153 Français, 877 Canadiens français et 298 Belges (de naissance) qui y résident en permanence[105]. Déjà, en 1940, 36 % des résidents canadiens-français de l'État vivent dans le comté de Dade, qui englobe la ville de Miami et qui deviendra la principale destination des immigrants canadiens-français après la Deuxième Guerre mondiale.

Les résidents d'origine canadienne-française représentent sans doute davantage qu'un pour cent, étant donné que les Cadiens et les Franco-Américains ne font pas partie du compte. Dans les comtés d'Escambia et de Santa Rosa (dans l'extrême ouest du manche), on ne signale que deux douzaines d'immigrants canadiens-français, tandis que leur nombre s'élève probablement à

---

[101] Ils auraient été «virtually wiped out», selon l'expression utilisée. Voir Juliet Gorman, «What Was Belle Glade Like?», New Deal Narratives, Visions of Florida (mai 2001) [En ligne]: http://www.oberlin.edu/library/papers/honorshistory/2001-Gorman/jookjoints/belleglade/introtobelleglade.html, consulté le 7 juillet 2015.

[102] Michael Grunwald, *op. cit.*, p. 5.

[103] Michael Gannon, *op. cit.*, p. 84.

[104] Gary Mormino, *op. cit.*, p. 212.

[105] «1940 + Persons Born in Belgium + Persons Born in France + Persons Born in French Canada + Florida», Historical Census Browser, University of Virginia Library [en ligne]: http://mapserver.lib.virginia.edu/php/start.php?year=V1940#2, consulté le 7 juillet 2015.

un millier, en raison de l'établissement récent d'une colonie
franco-américaine…

À l'hiver 1929, le quinquagénaire Albertino Béland effectue un
séjour dans la région du nord-est de Pensacola, près de la frontière
de l'Alabama, et il tombe sous le charme[106]. Après le crash boursier
de New York, en octobre, il en vient à croire que cette région de la
Floride, toujours en friche et qui peut fournir trois moissons sur
dix mois de récoltes par année, pourrait représenter du travail pour
les Franco-Américains mis à pied par les usines de la Nouvelle-
Angleterre. Béland cible les Franco-Américains, qui n'ont pas à
entreprendre le processus de naturalisation et donc moins de mal à
emménager dans l'État méridional. À la suite d'une tournée en
Nouvelle-Angleterre, Béland recrute 103 familles qui promettent
de lui prêter main-forte pour former une colonie[107].

Après deux années d'existence seulement, le village est déjà taillé
en terrains étroits et profonds – de style seigneurial – et comprend
une école, un bureau de poste, quelques magasins, un relais
d'essence, une crémerie, un poulailler, ainsi que trois petits ateliers
qui font des conserves, fabriquent des portes et tissent des sous-
vêtements[108]. En 1934, la paroisse du Sacré-Cœur accueille son
premier curé, le père Joseph Boucher. La lancée de la jeune colonie
est pourtant interrompue lorsqu'un conflit éclate entre Béland et
Boucher. Un musée de la région spéculera plus tard que « *the 1930s
was not a good time for such a daring venture*[109] ». Après un premier
flux migratoire, la population du comté stagne[110]. D'autres facteurs
expliquent l'éventuelle dispersion de la colonie – toujours selon
Scott –, dont la persistance de la crise économique, l'effondrement
du prix des denrées agricoles ainsi qu'une sécheresse qui sévit au
milieu de la décennie. Pèsent aussi lourdement dans la balance, la

---

[106] Laura Lee Scott, *Belandville: A French-Canadian Colony in West Florida*, Bagdad
(Floride), Patagonia Press, 2005, p. 1-2.

[107] Yves Frenette, *op. cit.*, p. 146.

[108] Laura Lee Scott, *op. cit.*, p. 3-22.

[109] Extrait de «The French Settlement of Belandville, FL», Baker Block Museum [en
ligne] : http://bakerblockmuseum.org/mahistory.htm, consulté le 7 juillet 2015.

[110] Richard L. Forstall, «Florida. Population of Counties by Decennial Census: 1900 to
1990», United States Census Bureau (27 mars 1995) [en ligne] : http://www.census.gov/
population/www/censusdata/cencounts/files/fl190090.txt, consulté le 7 juillet 2015.

fermeture de la voie ferrée, cruciale à la survie du village, de même que la stigmatisation des résidents franco-américains par la population anglo-protestante des environs, les premiers refusant de respecter la prohibition en vigueur localement[111]. Plusieurs hommes quittent alors la colonie avec leurs familles, à la recherche d'emplois dans le secteur des infrastructures dans le sud-est et surtout sur les chantiers inaugurés par le président Franklin D. Roosevelt pendant la crise économique. De l'aventure éphémère de six ans qu'a été Bélandville resteront des clairières et d'anciennes fondations, le terrain de camping Camp Paquette, les routes Belandville, près de Milton, et Beland, à Pensacola[112]. Un peu comme la colonisation française avant elle, la colonisation canadienne-française ne laisse que de faibles empreintes sur le territoire.

✣

Les Canadiens français ont contribué à la colonisation de la péninsule dès les premières heures, et ils se sont établis en Floride pour des motifs climatiques et économiques. Entre le XVIe et le début du XXe siècle, la présence canadienne-française et française est demeurée éphémère, mais elle a laissé des traces qui influeront sur le parcours historique de la péninsule. Des réfugiés huguenots aux agriculteurs canadiens-français, en passant par les bûcherons saisonniers «canadiens», ces colons s'y sont installés dans l'espoir que cette nouvelle «frontière» leur offre une vie meilleure. Des Acadiens et des Canadiens français qui ont tenté leur chance au soleil – dans le cadre de migrations somme toute modestes –, plusieurs ont perdu la vie prématurément, d'autres se sont intégrés à la majorité ou sont partis pour des raisons que l'on ignore. Pendant les années 1930, il est probable que quelques milliers d'Acadiens, de Cadiens, de Canadiens français et de Franco-Américains aient résidé en Floride en permanence. Or, les catégories de recensement

---

[111] Laura Lee Scott, *op. cit.*, p. 23-44.

[112] «Belandville Road, Milton, Floride, États-Unis», Google Maps [en ligne]: www.goo.gl/maps/Ysi7U; «Beland Road, Pensacola, Floride, États-Unis», Google Maps [en ligne]: http://goo.gl/maps/2Sfpn,; «Camp Paquette, Milton, Floride, États-Unis», Google Maps [en ligne]: http://goo.gl/maps/lmxor, consultés le 7 janvier 2015.

de l'époque ne permettent pas d'estimer leur importance avec exactitude. Par ailleurs, la fragilité des premières colonies a fait en sorte que les institutions canadiennes-françaises, en 1940, avaient à peu près toutes disparu. La présence éphémère de colons canadiens-français avait pourtant suscité une curiosité chez les compatriotes du Canada et c'est par le tourisme que la plupart d'entre eux se familiariseraient désormais avec «l'État du soleil».

CHAPITRE DEUX
LES TOURISTES

La nuit, les fenêtres restent ouvertes ;
le jour, on se baigne dans le soleil.
Les jardins sont remplis
de fleurs, d'oiseaux, de papillons.
Moi qui aime le soleil,
je me délecte
dans cette atmosphère.

Lettre de Wilfrid Laurier à Joseph Lavergne, 3 janvier 1903
dans Réal Bélanger, *Wilfrid Laurier : quand la politique devient passion*
Québec, Presses de l'Université Laval, 1986, p. 246.

Les colons français et canadiens-français ont investi la Floride d'une manière comparable aux autres colons qui participaient au développement de la péninsule. Ils se sont intégrés rapidement sur le plan culturel à la société sudiste, particulièrement à partir de la fin du XIXe siècle. Un second groupe de migrants est apparu à cette époque, qui souhaitait bénéficier, sur une base temporaire seulement, du soleil et des avantages fiscaux de la Floride. À mesure que la péninsule est devenue accessible au XXe siècle, elle a été privilégiée comme destination touristique par les gens du Nord. Cette tendance était déjà présente parmi les gens aisés au XIXe siècle, qui s'y rendaient pour se rétablir d'une maladie, découvrir un milieu exotique ou s'adonner aux loisirs qui y étaient offerts, souvent en exclusivité. La péninsule ne semblait pourtant pas vouée à devenir une destination touristique – Charles Quint, rappelons-le, n'y entrevoyait aucune utilité –, mais la publicité et le développement d'une infrastructure routière et hôtelière ont entraîné l'émergence d'un tel flux migratoire.

Bien que les revenus moyens des Canadiens français aient été inférieurs à ceux des Canadiens anglais, ils se sont adonnés à la pratique du tourisme, à partir de la Deuxième Guerre mondiale, au même titre que les Américains et que les autres Canadiens. La hausse des revenus des Canadiens français pendant la deuxième moitié du XXᵉ siècle leur a permis de donner suite à leur penchant pour la mobilité qu'ils auraient eu depuis l'époque coloniale, de l'avis du géographe Christian Morrissonneau[1]. La durée limitée des séjours a toutefois réduit l'influence du tourisme floridien sur la culture canadienne-française à l'acquisition d'habitudes de consommation sudistes et d'une sensibilité au continent nord-américain.

L'émergence d'une destination touristique unique au monde

Sans l'expansion des chemins de fer et l'assèchement de marais, il aurait été difficile d'entreprendre la colonisation de la Floride. Ces travaux, amorcés modestement pendant les périodes britannique et espagnole, prennent de l'ampleur au début de la période américaine, et surtout au XXᵉ siècle. S'inspirant d'une notion de progrès, on appelle à la transformation des terres «inutiles», dont les marécages, en terrains prêts pour l'agriculture, l'urbanisation et le tourisme. En 1849, la *Swamp and Overflowed Lands Act*, adopté par le Congrès des États-Unis, autorise les États à transformer les estuaires en terrains cultivables et les cours d'eau jugés trop étroits ou trop peu profonds en canaux propices à la navigation. En 1855, la jeune Floride inaugure le Internal Improvement Fund, une fiducie qui finance, à même la vente de terrains publics anciennement inexploitables, l'assèchement et l'enfouissement des marais, ainsi que l'élargissement et l'approfondissement des cours d'eau[2]. Au

---

[1] Christian Morrissonneau, *La terre promise: le mythe du Nord québécois*, Montréal, Hurtubise HMH, 1978, 212 p.

[2] Joe Knetsch, «State Lands History», Florida Department of State (10 novembre 2008) [en ligne]: http://www.dep.state.fl.us/lands/files/lands_history.pdf, consulté le 8 juillet 2015.

milieu du XXᵉ siècle, le tiers méridional de l'État ne comprend que quelques milliers d'Américains et de Séminoles, facteur qui permet aux autorités d'y mener une politique vigoureuse de colonisation et d'«amélioration³». Les gouverneurs, républicains et démocrates confondus, adhéreront à ce projet foncier jusqu'aux années 1960. Il faudra attendre la deuxième moitié du XXᵉ siècle pour qu'on reconnaisse le rôle crucial des marais dans l'absorption de la force de frappe des ouragans qui s'abattent périodiquement sur la péninsule, et l'importance de préserver ces habitats naturels[4]. Environ 30 pour cent des estuaires entourant Miami, Orlando et Fort Myers ont déjà été asséchés, afin de favoriser l'étalement urbain de ces villes.

«Reclaiming the Everglades», 29 janvier 1912, State Archives of Florida (SAF), collection «Florida Memory», image RC06109.

---

[3] Michael Grunwald, *The Swamp. The Everglades, Florida, and the Politics of Paradise*, New York, Simon & Schuster, 2006, p. 9, 75; «The Swamp. The Everglades, Florida, and the Politics of Paradise», *Publishers Weekly*, 19 décembre 2005, p. 51.

[4] Godefroy Desrosiers-Lauzon, *Florida's Snowbirds: Spectacle, Mobility, and Community since 1945*, Montréal/Kingston, McGill-Queen's University Press, 2011, p. 6, 134-135; Michael Grunwald, *op. cit.*, p. 5, 82-99.

Le développement urbain, industriel et touristique constitue une clé de voûte pour garantir la prospérité de la péninsule. En 1880, alors que la Floride compte moins de 300 000 habitants, le gouverneur William Bloxham approche de riches industrialistes du Nord, leur offrant l'occasion de se procurer d'importantes concessions ou d'investir dans le secteur immobilier dans un environnement de taxes foncières limitées[5]. Quelques décennies plus tard, le gouverneur Napoléon Bonaparte Broward – fils de parents visiblement imbus de sentiments révolutionnaires et impérialistes – poursuit cette politique en rendant plus accessible l'achat de terres publiques aux personnes à revenu modique. Les grands travaux d'assèchement des marais dans les comtés de Dade, de Monroe et de Palm Beach, plus près de la mer, se réalisent à partir de 1913. Alors que, 16 ans plus tôt, l'historien Frederick Jackson Turner avait déclaré que le *last frontier* de l'Ouest s'était désormais fermé, une nouvelle « frontière » venait de s'ouvrir dans la péninsule floridienne[6].

Les gouverneurs Bloxham et Broward interpellent certains magnats industriels, dont Henry Flagler, partenaire fondateur avec John Rockefeller de la Standard Oil, la plus importante société pétrolière de l'époque. Lors d'un séjour à l'hiver 1881, Flagler est emballé par la beauté architecturale et naturelle de Sainte-Augustine, ce qui l'amène à inaugurer le premier centre de villégiature, l'hôtel Ponce de León, qui y accueillera nombre de touristes pendant les hivers subséquents. Depuis les années 1850, Sainte-Augustine est réputée comme une ville où les gens atteint de rhumatismes peuvent y prendre un répit de leurs souffrances, et même en guérir parfois. La destination se développe simultanément à l'émergence d'un engouement chez les Américains pour la plage[7]. L'ouverture du parc d'amusement Coney Island, à New York en 1876, aurait cimenté cette association entre plaisir, soleil et mer.

---

[5] Donald Walter Curl, *Palm Beach County, An Illustrated History*, West Palm Beach, Windsor Publications, 1986, p. 80-115 ; Michael Gannon, *Florida: A Short History*, éd. revue, Gainesville, University Press of Florida, 2003, p. 53.

[6] Michael Grunwald, *op. cit.*, p. 5 ; Joe Knetsch, *op. cit.*, 8 juillet 2015.

[7] Gary Mormino, *Land of Sunshine, State of Dreams: A Social History of Modern Florida*, Gainesville, University Press of Florida, 2005, p. 304-322 ; Michael Gannon, *op. cit.*, p. 53-59.

La notion n'est pourtant pas nouvelle : dans l'Antiquité, le monde méditerranéen entretenait un rapport intime avec la mer, source de réflexion et de repos[8]. À Sainte-Augustine, Flagler souhaite surtout valoriser un patrimoine architectural, culturel et historique unique en Amérique du Nord. C'est en outre à cet endroit que s'arrête le chemin de fer continental.

L'intervention de Julia Tuttle, riche propriétaire de Miami, auprès de Flagler, amènera progressivement ce dernier à apprécier le potentiel agricole et touristique de la région du sud-est de la Floride. En janvier, la température moyenne y est supérieure de sept degrés à celle du Nord de l'État[9]. Bien que le gel s'abat une fois par décennie sur Sainte-Augustine, cela n'est jamais le cas en région miamienne, qui se trouve au sud du Tropique du Cancer. Une légende urbaine veut que, suivant une gelée sévère qui aurait dévasté la récolte d'agrumes à Sainte-Augustine pendant l'hiver 1894, Tuttle ait envoyé à Flagler le bourgeon d'un oranger de Miami, lui signalant ainsi que la gelée ne l'avait pas rejoint[10]. À cette époque, Flagler a déjà prolongé sa ligne ferroviaire jusqu'à West Palm Beach et construit le plus grand hôtel du monde (Royal Poincinia, 1893-1894), inaugurant un premier centre de villégiature pour la région. La gelée de 1894 l'aurait convaincu de poursuivre la construction du chemin de fer jusqu'à Miami, tronçon complété en 1896, puis jusqu'à Key West (1912)[11]. Flagler se fait aussi construire à Palm Beach une résidence d'hiver, le domaine Whitehall (1902), équivalent d'un château européen.

---

[8] Joël Le Bigot avec Andrée Champagne, « La mer », *Samedi et rien d'autre* (3 août 2013), Première chaîne de Radio-Canada [en ligne] : http://ici.radio-canada.ca/emissions/samedi_dimanche/2013-2014/emissions.asp, consulté le 8 juillet 2015.

[9] « Monthly Averages for Miami, FL », The Weather Channel [en ligne] : http://www.weather.com/weather/today/l/USFL0316:1:US; « Monthly Averages for St. Augustine, FL », The Weather Channel [en ligne] : http://www.weather.com/weather/today/l/USFL0433:1:US, consultés le 8 juillet 2015.

[10] Michael Gannon, *op. cit.*, p. 58-59; Gary Mormino, *op. cit.*, p. 304.

[11] David Nolan, *Fifty Feet in Paradise. The Booming of Florida*, New York, Harcourt, Brace, Jovanovich, 1984, p. 95-105; Michael Gannon, *op. cit.*, p. 60-65.

« Florida East Coast Railway train travelling across Overseas Extension bridge »,
Florida Keys, ca. 1920, SAF, collection « Florida Memory »,
image RC03742.

L'expansion du système ferroviaire encourage le tourisme – et la
mobilité en général –, mais le tourisme de masse en Floride ne
commence véritablement qu'au tournant du XXe siècle, avec le
pavage des routes et la popularisation de la voiture motorisée. Dès
que les premières Model T de Henry Ford se mettent à circuler sur
les routes urbaines et rurales, le Congrès entreprend de construire
des tracés routiers nationaux, qui traversent le pays d'est en ouest
et du nord au sud. En 1915, la Dixie Highway relie déjà le Midwest
à Tampa, tandis que l'Atlantic Highway relie la Nouvelle-
Angleterre à Miami[12]. Les touristes canadiens ne sont pas privés de
ce réseau, car l'Ontario et le Québec ouvrent, depuis quelques
années, des routes liant leurs villes aux réseaux de New York et du
Michigan[13]. Si on les a conçues en vue d'attirer des touristes américains au Canada, les provinces sont bientôt déçues de constater
qu'un plus grand nombre de touristes canadiens affluent vers les
États-Unis. Fondée en 1915, la ville de Miami Beach érige des

---

[12] William Kaszynski, *The American Highway: The History and Culture of Roads in the United States*, Jefferson (Caroline du Nord), McFarland and Company Publishers, 2000, p. 38.
[13] Godefroy Desrosiers-Lauzon, *op. cit.*, p. 59.

motels (*motor hotels*) tout neufs dans le but exprès d'y attirer le tourisme automobile.

L'automobile permet aussi à la *Sunshine State* d'attirer plus d'un million de touristes par année, un chiffre impressionnant à l'époque[14]. Si la péninsule ne compte quelques centaines de kilomètres de route en 1900, le réseau routier s'étale sur 5600 kilomètres pendant la décennie 1930. Cela dit, la destination n'est pas très accessible du Nord pour ceux qui disposent de courtes vacances. Malgré l'inauguration de «routes nationales», le réseau est constitué d'un amalgame de routes locales et régionales qui, en traversant villes et villages, ralentissent ceux qui voyagent sur de longues distances. L'augmentation de la circulation amène son lot d'embouteillages, non seulement à l'intérieur des villes, mais aussi sur les tronçons qui les relient. Sans oublier que les premières voitures motorisées n'atteignent pas des vitesses élevées, il faut ainsi consacrer plus d'une semaine pour faire le trajet de Montréal à Miami.

Petit à petit, le gouvernement américain élargira les «U.S. Highways» les plus achalandés, mais ce n'est qu'au lendemain de la Deuxième Guerre mondiale qu'il uniformise les tracés routiers nationaux et crée un nouveau réseau de 66 000 kilomètres d'autoroutes fédérales à chaussée double. Le *Federal-Aid Highway Act* de 1956 – projet dont l'immensité rappelle le Plan Marshall pour la reconstruction de l'Europe –, inaugure un chantier qui ne sera complété que 30 ans plus tard. Les «Interstate Highways» viendront non seulement décongestionner les routes à chaussée simple et assurer la liaison entre les grandes villes américaines, mais aussi lier celles-ci à des villes canadiennes situées près de la frontière, de Saint-Jean à Vancouver, en passant par Montréal, Toronto et Sault-Sainte-Marie[15]. Les principales villes de Floride sont alors intégrées au réseau des Interstates par les routes 4, 10, 75 et 95[16]. Les importantes améliorations apportées aux routes et aux voitures pendant

---

[14] Michael Gannon, *op. cit.*, p. 76-92.

[15] Richard F. Weingroff, «Federal-Aid Highway Act of 1956: Creating the Interstate System», *Public Roads*, vol. 60, n° 1, été 1996 [en ligne]: http://www.fhwa.dot.gov/publications/publicroads/96summer/p96su10.cfm, consulté le 8 juillet 2015.

[16] Godefroy Desrosiers-Lauzon, *op. cit.*, p. 61-63 ; Michael Gannon, *op. cit.*, p. 119.

les années 1950 et 1960 contribuent à réduire le temps de trajet du Nord au Sud. Si l'on avait à consacrer plus d'une semaine pour se rendre d'Ottawa à Miami en 1920, cette durée recule à trois ou quatre jours après la Deuxième Guerre mondiale, voire à deux jours à partir de 1967. Pour les touristes qui empruntent ces tracés à grande vitesse, le passage de l'hiver à l'été, parfois en une seule journée, a de quoi faire rêver. Dès 1950, la plupart des touristes prennent la voiture pour se rendre en Floride, un moyen de transport plus économique que le train, surtout pour les groupes ou les familles.

« You throw snowballs for me while I pick oranges for you…
Winter in the North – Winter in Florida », Pinellas Park (Floride),
1946, SAF, collection « Florida Memory », image PC5549.

Au fil des années, des centres d'accueil sont aménagés aux entrées routières de divers États, et celui de la Floride, à partir de 1949, accueille ses visiteurs avec une tasse de jus d'orange. Grâce à l'invention en 1945 du concentré d'orange congelé et à la publicité ciblant les familles du Nord, les exportations d'oranges de la Floride quadruplent entre 1940 et 1950[17]. À mesure que le trajet devient routinier pour les voyageurs nordiques, une culture de

---

[17] Michael Gannon, *op. cit.*, p. 65-66 ; Gary Mormino, *op. cit.*, p. 196-200.

consommation particulière finit par intégrer l'univers symbolique du périple. Les voyageurs acquièrent un goût pour les stands fruitiers, mais aussi pour les pacanes et le poulet frit, entre autres « spécialités culinaires » sudistes[18]. Plusieurs chaînes de relais d'essence, de motels et de restaurants offrent aux voyageurs des normes familières ; ils deviennent des points de repère dont discutent les migrants et suscitent même une nostalgie chez ceux qui répéteront le trajet. Cela dit, certains y voient l'œuvre du rouleau compresseur américain, qui encourage la consommation de masse et mine la diversité des goûts et des cultures[19].

Les saisons et la quête du confort climatique idéal

Si le développement infrastructurel facilite la venue des Nord-Américains sur la péninsule, d'autres incitatifs sont nécessaires pour convaincre les migrants de s'y rendre. Rappelons qu'avant la fin du XIXe siècle pour les gens nantis, et le milieu du XXe siècle pour la classe moyenne, il est difficile d'organiser un séjour dans le Sud. Une fois les questions d'accessibilité réglées, encore faut-il que les gens du Nord *souhaitent* s'y rendre. Or, pourquoi diable les Canadiens, ayant si longtemps voulu se distinguer des Britanniques et des Américains par leur endurance et leur amour du froid hivernal, ont-ils fini par vouloir s'en éloigner ?

Qu'on cite Harold Innis, historien du début du XXe siècle, ou Louis-Edmond Hamelin, géographe de la deuxième moitié du XXe siècle, plusieurs intellectuels ont attribué un rôle central à la géographie, aux matières premières et au climat en tant qu'éléments moteurs ayant forgé l'éthos des Canadiens et des Québécois[20]. Hamelin note que le Québec s'est construit tout un imaginaire, un vocabulaire, une façon d'être autour de la saison hivernale, du froid, de la glace et de la neige. L'anthropologue Bernard Arcand raconte que son père « aimait l'hiver », qui

---

[18] Godefroy Desrosiers-Lauzon, *op. cit.*, p. 67-78.

[19] Réal Pelletier, « De Montréal à Bethléem… en passant par Melbourne », *La Presse*, 29 décembre 1990, p. G10.

[20] William L. Morton, « The 'North' in Canadian Historiography », dans A. B. McKillop (dir.), *Contexts of Canada's Past: Selected Essays of W.L. Morton*, Toronto, MacMillan Canada, 1980, p. 229-239 ; Daniel Chartier et Jean Désy, *La nordicité au Québec. Entretiens avec Louis-Edmond Hamelin*, Québec, Presses de l'Université du Québec, 2014, 142 p.

marquait la fin des récoltes et le début d'une période de repos, comblée par des soirées dansantes, des parties de cartes, de la musique et des contes avec les proches[21]. Nombre de Canadiens français adhéraient ainsi au proverbe qu'il n'existait pas de mauvaise température, seulement de mauvais vêtements. Si autant de gens ont pu en venir à mépriser l'hiver, à le fuir, c'est bien parce que les Canadiens français en sont progressivement venus à voir l'arrivée du froid arctique comme une anomalie. Pourtant, « ce n'est pas une fantaisie, l'hiver, constate Hamelin. C'est une réalité, un objet, qui est là de façon récurrente chaque année[22]. » La tendance à repousser tout frein à la productivité et à adopter des modes de consommation peu adaptés au climat nordique y est sûrement pour quelque chose. Il se peut aussi qu'on se soit longtemps accommodé de six mois de temps froid par année, puisqu'on n'avait que le choix de composer avec...

D'autres penseurs doutent, en revanche, que le climat ait eu un impact majeur sur les idées et les espoirs des Canadiens français. Selon eux, l'hiver n'aurait pas marqué, dans le temps long, les manières d'être autant que la francité et le catholicisme. Son influence se serait limitée à l'adoption de mœurs (loisirs, emplois et mets) propres à ce coin du monde. Pour Christian Morrissonneau, les métiers saisonniers ont amené des Canadiens français à s'installer dans le Nord, l'Ouest et parfois même le Sud[23]. Morrissonneau va jusqu'à dire que les Canadiens français ont transporté un « pays mobile » aux endroits où le travail les menait. D'après la géographe Anne Gilbert, on exagère souvent l'impact de la nature sur l'identité, les Canadiens français s'étant toujours adaptés au climat de leur destination. Par ailleurs, la volonté de réduire l'impact de l'hiver constitue-t-elle un refus d'une nordicité innée ou plutôt une

---

[21] Bernard Arcand, « Mon grand-père aimait l'hiver », dans Stéphane Batigne (dir.), *Québec: espace et sentiment*, Paris, Autrement, 2001, p. 122-133.

[22] Louis-Edmond Hamelin, dans Louis Cornellier, « Louis-Edmond Hamelin: son pays c'est l'hiver », *Le Devoir*, 13-14 décembre 2014, p. F1.

[23] Christian Morissonneau, « Le peuple dit ingouvernable sans bornes: mobilité et identité québécoise », dans Dean Louder et Éric Waddell (dir.), *Du continent perdu à l'archipel retrouvé: le Québec et l'Amérique française*, Québec, Presses de l'Université Laval, 1983, p. 15.

possibilité alléchante, à laquelle on n'avait pas accès auparavant[24] ? Il nous semblerait plus juste d'avancer que les Canadiens français ont délaissé le Nord au fur et à mesure que les avancées technologiques l'ont permis. Si les Canadiens français étaient « pénétrés par l'hiver », comme l'affirme l'auteur André Laurendeau, on a peut-être diminué l'influence de la nordicité sans pour autant transformer en profondeur les idées[25].

C'est sans doute dommage que les Canadiens français en soient venus au dégoût ou à l'irritation vis-à-vis du temps froid, d'autant plus qu'il ne risque pas de disparaître de sitôt. Il n'y a pourtant rien d'exotique dans le temps chaud pour une majorité de Canadiens, qui habitent le sud de leur pays et vivent des étés (ainsi que certains jours de printemps et d'automne) qui ressemblent au climat subtropical prévalant en Floride d'octobre à mai. Il peut paraître banal de le dire, mais les Canadiens n'ont pas pris goût au temps chaud dans le sud, l'amour de l'été canadien remontant sûrement à la naissance même de la colonie laurentienne. La volonté de passer du temps au bord de l'eau – soit un lac de l'Ontario ou du Québec, soit la mer en Gaspésie ou en Acadie – et de pratiquer la navigation de plaisance, la voile, la pêche, l'observation d'oiseaux et le camping ne date pas d'hier. Plusieurs activités et loisirs aquatiques bien ancrés chez les Canadiens français seront repris en Floride[26]. À en juger par le nombre de balcons attenant aux logements urbains et de piscines résidentielles, plus élevé au Québec du XXe siècle qu'ailleurs au Canada, les Canadiens français auraient un penchant pour le plein air depuis longtemps...

En revanche, les grands déplacements vers les plages océaniques sont plus récents, même si cette pratique remonte au début du

---

[24] Anne Gilbert, « La nature comme résignation », dans Caroline Andrew (dir.), *Dislocation et permanence : l'invention du Canada au quotidien*, Ottawa, Presses de l'Université d'Ottawa, 1999, p. 41.

[25] André Laurendeau, « Nous sommes un peuple pénétré par l'hiver », *Magazine Maclean*, n° 6, février 1966, p. 44.

[26] Louise Gaboury, « Pourquoi ne pas vous rendre en voiture ? », *La Presse*, 28 novembre 1992, p. 113 ; Susan D. Jewell, *Exploring South Florida : A Guide to Finding the Natural Areas and Wildlife of the Southern Peninsula and the Florida Keys*, Sarasota, Pineapple Press, 2002, p. 24-82 ; Gilles Pauzé et Marcelle LeBel, « Observer les oiseaux : une passion », dans Thérèse St-Amour (dir.), *Récits de la Floride*, Delray Beach, The Printing Office, 2006, p. 47-50 ; Godefroy Desrosiers-Lauzon, *op. cit.*, p. 221.

XIXe siècle. Les plages de l'Atlantique les plus rapprochées du sud québécois et de l'est ontarien se trouvant dans le sud du Maine, des gens aisés de Montréal et des Cantons de l'Est ont fréquenté Old Orchard et Ogunquit à partir des années 1820. La destination a élargi son attrait en 1853 après l'ouverture de la voie ferrée du Grand Tronc reliant la métropole canadienne à Portland[27]. Avec l'avènement de l'automobile et des grandes routes pavées dans les années 1910, le trajet à partir du Québec se réduit progressivement à cinq ou six heures, faisant d'Old Orchard et d'Ogunquit d'importantes destinations touristiques pendant l'été au XXe siècle[28]. Certains penseurs nationalistes ont tôt fait d'associer le tourisme à l'étranger avec un manque de patriotisme et de solidarité vis-à-vis du Canada français. Cependant, la décision de plusieurs Franco-Américains d'offrir des services en français dans leurs commerces et la tendance des Canadiens français à retourner à la même plage année après année semblent avoir correspondu davantage au désir de fréquenter une bordure d'océan qu'à une volonté d'abandonner la culture nationale[29]. Le politicien René Lévesque écrira d'ailleurs *Option Québec* sur une plage de la Nouvelle-Angleterre, sans que le lieu de conception du manifeste ne réduise l'ampleur de sa proposition politique, bien au contraire. Cet amour du plein air et de l'été au Canada français a favorisé la pratique de loisirs particuliers, qu'on n'hésite pas à reprendre pendant l'hiver en Floride. Si des éléments structurels expliquent l'avènement et la démocratisation du tourisme en Floride, c'est la possibilité d'y pratiquer, pendant une brève période de l'hiver, des loisirs exclusifs à l'été, qui y attire les Canadiens français.

Les touristes canadiens-français en Floride
Avec ses 33 000 lacs, ses 3500 kilomètres de plages, son eau de mer qui dépasse toujours 21 degrés et sa température maximale

---

[27] Robert Chodos et Eric Hamovitch, *Quebec and the American Dream*, Toronto, Between the Lines, 1991, p. 212.

[28] « Ogunquit, Maine, États-Unis », Escapades secrètes (17 juillet 2012) [en ligne] : http://escapadessecretes.wordpress.com/2012/07/17/ogunquit-maine-etats-unis-7/, consulté le 8 juillet 2015.

[29] Robert Chodos et Eric Hamovitch, *op. cit.*, p. 213.

moyenne (à Miami) de 26 degrés en janvier, la Floride a de quoi faire rêver les gens du Nord[30]. À la fin du XIXᵉ siècle, rares sont les Canadiens français qui possèdent les moyens de visiter la Floride – mais il s'en trouve. Prenons l'exemple de l'abbé Henri-Raymond Casgrain. Il a eu beau s'en prendre à l'Américain moyen pour «ses instincts matérialistes» et «son égoïsme grossier[31]», il visite les États-Unis pendant maints hivers en prétextant que les reflets du soleil sur la neige seraient nocifs pour ses yeux[32]. Ses passages aux États-Unis s'intensifient puisqu'il commence à séjourner en Floride pour soigner ses rhumatismes. Il s'arrête logiquement à Sainte-Augustine, qui, avec sa cathédrale espagnole et ses clercs formés en culture classique, présente une ambiance bien différente de celle de la culture de masse américaine. L'abbé s'y rend à une occasion en compagnie de Joseph Marmette, ami et fonctionnaire de Québec[33]. Le 30 janvier 1882, à Détroit, les deux hommes montent à bord d'un train en direction du Sud. À l'époque, l'ensemble des correspondances pour atteindre Sainte-Augustine forme une liasse de billets de plus d'un mètre de longueur[34] ; les six jours du périple ne font que contribuer à l'émerveillement de Marmette, une fois arrivé à destination :

> Pour celui qui, comme nous, laisse le Canada en pleine saison d'hiver – il faisait à Québec, la veille de notre départ, un froid de trente-cinq degrés – c'est un contraste assez saisissant que de respirer, huit ou dix jours plus tard, dans une température quasi tropicale et d'avoir à chercher l'ombre sous les orangers chargés de leurs beaux fruits mûrs[35].

---

[30] Godefroy Desrosiers-Lauzon, *op. cit.*, p. 21.

[31] Henri-Raymond Casgrain, dans Yvan Lamonde, *op. cit.*, p. 40.

[32] Jean-Paul Hudon, «Henri-Raymond Casgrain», dans *Dictionnaire biographique du Canada*, vol. XIII (1901-1910), Université Laval / University of Toronto (1994) [en ligne] : http://www.biographi.ca/fr/bio/casgrain_henri_raymond_13F.html, consulté le 8 juillet 2015.

[33] Roger Le Moine, *Joseph Marmette, sa vie, son œuvre* suivi de À travers la vie, romans de mœurs canadiennes, Québec, Presses de l'Université Laval, 1968, p. 34-35.

[34] Joseph Marmette, *Récits et souvenirs*, Québec, Typographie de C. Darveau, 1891, p. 101-116.

[35] *Ibid.*, p. 134.

Au-delà de ces remarques exaltantes, Marmette est marqué par les «cicatrices des blessures[36]» de la Guerre de Sécession, qui se traduisent par les tensions raciales persistant dans le Sud. Il s'étonne aussi, d'un ton plus rigolo, de «la rapidité avec laquelle les Américains expédient leurs repas[37]». L'ambiance générale à Sainte-Augustine est plaisante, car ce paradis d'hiver guérit les malades grâce à ses fruits et poissons frais, des raretés dans le nord pendant l'hiver à l'époque[38]. Lui plaît également la possibilité de laisser libre cours à ses pensées, de se baigner, de faire de l'équitation, de la voile et de la pêche. Le hasard permet à Marmette de croiser des immigrants français, dont un photographe «parfaitement heureux», qui se serait installé dans cette ville pour soigner ses rhumatismes et affichant «Ici l'on parle français» dans la vitrine de son commerce. «Plus d'idées noires et de marasme, je renais à la vie, je me renouvelle de fond en comble[39]», écrira-t-il à son épouse pendant le voyage du retour. Marmette donne l'impression qu'il s'est procurée la cure de jouvence promue par Sainte-Augustine.

La longueur du trajet empêche toutefois certains Canadiens français de s'y rendre. C'est le cas du premier ministre, Félix-Gabriel Marchand, qui souhaite en mars 1898 se reposer pendant une quinzaine de jours en Floride afin de se remettre d'une maladie, mais qui est retenu par des rencontres diplomatiques à Washington et doit rentrer à Québec par la suite[40].

D'autres politiciens réussissent à marcher sur les pas de Casgrain et de Marmette. C'est le cas de Sir Wilfrid Laurier. Comme d'autres membres de l'élite canadienne, le premier ministre du Canada entretient un rapport ambigu avec les États-Unis. Dans son esprit, non seulement le Canada est-il supérieur au plan politique – la monarchie parlementaire étant garante de stabilité et de représentativité –, il l'est aussi au plan moral, en regard des bavures

---

[36] *Ibid.*, p. 155.
[37] Joseph Marmette, dans Roger LeMoine, *op. cit.*, p. 148.
[38] *Ibid.*, p. 135-145.
[39] Lettre de Joseph Marmette à Joséphine Garneau, 3 février 1882, dans *ibid.*, p. 35.
[40] Joséphine Marchand, *Journal intime (1879-1900)*, Lachine, La Pleine Lune, 2000, p. 203-204; «Notes locales», *Le Canada français*, 11 mars 1898, p. 4; «Notes locales», *Le Canada français*, 1er avril 1898, p. 4.

raciales et de la culture matérialiste de la République[41]. Malgré tout, en vue d'assurer la stabilité économique du Canada, Laurier proposera éventuellement une entente de réciprocité économique avec Washington. Il se peut que Laurier se soit ravisé sur ses idées vis-à-vis des États-Unis à la suite d'un séjour de sept semaines, de novembre 1902 à janvier 1903, «dans les terres chaudes de la Floride[42]». Il s'y rend au milieu de son deuxième mandat pour remédier à une maladie, causée par ses nombreux voyages et la lourdeur des exigences du pouvoir[43]. On craint à l'époque qu'il soit atteint d'un cancer, d'où l'importance qu'il passe «de belles heures» avec son épouse à Sainte-Augustine. Dans une lettre écrite à Joseph Lavergne, ami de longue date et ancien député libéral fédéral, Laurier partage son extase: «La nuit, les fenêtres restent ouvertes; le jour, on se baigne dans le soleil. Les jardins sont remplis de fleurs, d'oiseaux, de papillons. Moi qui aime le soleil, je me délecte dans cette atmosphère[44].» Le «repos absolu[45]» qu'il y a obtenu (on le croyait mourant) permettra à Laurier de demeurer à la tête du pays pendant huit ans et de conserver la direction du Parti libéral jusqu'à son décès en 1919. Il est difficile d'estimer la part de «guérison» qui découle des effets du voyage dans le Sud et celle due à un état d'esprit déjà favorable au rétablissement.

Quoi qu'il en soit, ces récits dithyrambiques marquent probablement l'entourage des visiteurs et, la presse aidant, les gens ordinaires. Ainsi, Napoléon Pelletier descend en Floride avec son fils atteint d'une maladie terminale à l'hiver 1923. Ils vont camper sur les bords d'un lac rural, à 100 kilomètres au sud d'Orlando. En se

---

[41] André Pratte, *Wilfrid Laurier*, Montréal, Boréal, 2011, p. 156-159.

[42] Wilfrid Laurier, dans Réal Bélanger, «Sir Wilfrid Laurier», dans *Dictionnaire biographique du Canada, vol. XIV* (1911-1920), Université Laval / University of Toronto (1998) [en ligne]: http://www.biographi.ca/fr/bio/laurier_wilfrid_14F.html, consulté le 8 juillet 2015.

[43] Yvan Lamonde, *op. cit.*, p. 44.

[44] Wilfrid Laurier, Lettre à Joseph Lavergne, 3 janvier 1903, dans Réal Bélanger, *Wilfrid Laurier: quand la politique devient passion*, Québec, Presses de l'Université Laval, 1986, p. 246.

[45] Wilfrid Laurier, dans Réal Bélanger, *op. cit.*, p. 247.

baignant, le garçon aurait été guéri[46]. C'est ce qui amène Pelletier à y ériger un lieu de pèlerinage, qu'il surnomme Sainte-Anne-des-Lacs. Deux ans plus tard, en décembre 1925, un groupe de touristes canadiens-français y célèbre une messe. On y dresse une petite chapelle, honorant cette sainte populaire. Le pèlerinage attirera des milliers de pèlerins canadiens-français pendant une trentaine d'années.

Ceux qui cherchent la guérison ne sont pas tous aussi chanceux. Pendant un séjour à Palm Beach, Georges-Élie Amyot, homme d'affaires et conseiller législatif libéral du Québec âgé de 74 ans, y décède le 28 mars 1930, probablement des suites d'une crise cardiaque[47]. Sa dépouille, transportée vers Sainte-Foy, est sans doute l'une des premières à être expédiées de l'aéroport de Fort Lauderdale – qui deviendra l'un des plus importants points de départ de cadavres au monde. Amyot n'est pas le seul Canadien français à quitter ce monde en Floride. Si l'artiste Marc-Aurèle de Foy Suzor-Côté a consacré sa carrière à peindre des toiles qui évoquent des scènes hivernales et des sujets champêtres, dont certains tableaux inspirés de l'emblématique roman canadien-français *Maria Chapdelaine*, il ne parvient plus à pratiquer son art à partir de 1927, alors qu'il est atteint d'une paralysie[48]. C'est probablement ce qui le motive à aménager un appartement coloré au bord de la mer à Daytona Beach. Malgré sa maladie, Suzor-Côté y mène une vie sociale active et épouse son infirmière. Il rend l'âme à cet endroit en janvier 1937, à l'âge de 67 ans, 9 ans après son arrivée.

D'autres Canadiens français bien en vue se rendent en Floride, mais pour des raisons professionnelles. Ainsi, les joueurs du Canadien de Montréal tiennent à l'occasion des célébrations

---

[46] «Belle fête pour les Canadiens français à Sainte-Anne, Floride», *La Presse*, 29 décembre 1925, p. 1 ; «Public Celebration Slated at St. Anne's», *The St. Petersburg Times*, 24 juillet 1932, p. 3 ; «Saint Anne's Shrine», Ghost Towns and History of the American West, http://www.ghosttowns.com/states/fl/saintannesshrine.html et «Ste Anne des Lacs», Wikipedia, https://en.wikipedia.org/wiki/Ste_Anne_des_Lacs, consultés le 11 septembre 2015.

[47] «Georges-Élie Amyot (1856-1930)», Anciens parlementaires, Assemblée nationale du Québec (mai 2009) [en ligne] : http://www.assnat.qc.ca/fr/patrimoine/anciens-parlementaires/amyot-georges-elie-7.html, consulté le 8 juillet 2014.

[48] Laurier Lacroix, «Marc-Aurèle de Foy Suzor-Côté», L'Encyclopédie canadienne (25 mai 2008) [en ligne] : http://www.thecanadianencyclopedia.ca/fr/article/marc-aurele-de-foy-suzor-cote/, consulté le 8 juillet 2015.

somptueuses dans une résidence de Miami appartenant à leur gérant ou à un coéquipier[49]. De 1936 à 1939, Eugène Bonin, ancien bûcheron et ouvrier de Hartford (Connecticut), mène une carrière impressionnante en boxe dans la catégorie poids lourd, qui l'amène au Forum de Montréal, au Braves Field de Boston, ainsi qu'au Madison Square Garden et au Yankee Stadium de New York. Dans le feu roulant de ses 25 compétitions de niveau national, il boxe à l'aréna de Miami Beach et au Legion Arena de West Palm Beach, où il remporte 7 matchs sur 9 en 1936 et 1937[50]. Le passage de ces figures souligne à quel point les Canadiens français d'un haut rang social fréquentent de plus en plus la Floride, que ce soit pour des vacances ou du travail.

Les récits de bouche-à-oreille, tout comme les premières publicités vantant les attraits de la péninsule pendant la décennie 1920, contribuent à édifier le mirage d'un « rêve floridien ». Il s'agit d'une variante du rêve américain, marquée par le climat subtropical et l'hédonisme, qui séduit nombre d'Américains et de Canadiens du nord-est[51]. Pour échapper à la monotonie du travail ou à l'épuisant temps froid, on propose essentiellement la chaleur, un milieu festif et des jeunes femmes en maillot de bain. Après avoir réussi à attirer l'élite américaine, l'État entreprend de séduire les gens ordinaires. Tallahassee établit alors la Florida Citrus Commission (1935), un organisme public voué à promouvoir l'orange comme emblème de l'État[52]. Dès 1945, la Florida Advertising Commission diffuse des publicités dans les revues et à la télévision, à coups de centaines de milliers de dollars. Si jusque-là, on avait mis en valeur ses caractéristiques propres – l'accueil chaleureux des résidents sudistes, les tournées en bateau à fond vitré ou en aéroglisseur dans les marais, les spectacles d'animaux exotiques, la visite de villages séminoles reconstitués – l'État tâche dorénavant d'attirer un tourisme de masse vers les plages et les hôtels.

---

[49] Godefroy Desrosiers-Lauzon, *op. cit.*, p. 176.

[50] «Bonin to Box At Palm Beach», *The Miami News*, 22 novembre 1936, p. 16; «Gene Bonin – Boxer», Boxing Records [en ligne]: http://boxrec.com/boxer/50839, consulté le 8 juillet 2015.

[51] Godefroy Desrosiers-Lauzon, *op. cit.*, p. 7-9.

[52] *Ibid.*, p. 26-38, 93-95.

Au Québec, la seconde vague d'industrialisation accélère l'exode rural et l'urbanisation, tandis que l'avènement du téléphone, de la radio et de la télévision introduisent la culture américaine hédoniste dans la culture populaire canadienne-française[53]. Bien que le clergé et certains professionnels nationalistes tentent initialement d'endiguer l'infiltration de ces mœurs, on en vient plutôt à rediriger les jeunes vers des substituts, plus adaptés à la culture franco-catholique et diffusées par des associations et des syndicats jeunesse. L'Église investit beaucoup d'efforts entre 1930 et 1960 pour «régénérer» la société, grâce en partie aux activités sportives, aux arts de la scène et aux excursions physiques et spirituelles en nature[54]. Parallèlement, le clergé s'immisce dans la culture populaire, en censurant le cinéma, les comics, le jazz et la radio américains, non pas sans provoquer la grogne des intellectuels libéraux.

«People feeding fish to alligators at an alligator farm – St. Augustine, Florida»,
septembre 1949, SAF, collection «Florida Memory», image C011976.

---

[53] Yves Frenette, *Brève histoire des Canadiens français*, Montréal, Boréal, 1998, p. 142-151.
[54] Louise Bienvenue, *Quand la jeunesse entre en scène: l'Action catholique avant la Révolution tranquille*, Montréal, Boréal, 2003, 291 p.; Yvan Lamonde, *Ni avec eux ni sans eux. Le Québec et les États-Unis*, Québec, Nuit Blanche Éditeur, 1996, p. 94.

Il faut attendre le milieu du siècle pour que les heures de travail soient réduites, que les revenus augmentent et que les vacances payées se généralisent. Un nombre grandissant de Canadiens français dispose alors des moyens pour fréquenter la Floride et les visites d'acteurs politiques amplifient son pouvoir d'attraction. Ainsi, comme le rapporte la presse, le premier ministre Louis Saint-Laurent se rend à Fort Lauderdale en décembre 1956 pour soigner ses maux d'estomac; il y pratique également la pêche en haute mer et le golf[55]. Mais la destination commence aussi à attirer les familles, la classe moyenne et les couches supérieures de la classe ouvrière. Avec l'inauguration des autoroutes à chaussée double, il ne faut plus qu'une voiture, une semaine libre et quelques centaines de dollars pour y passer des vacances. Dans ces conditions, le nombre de touristes croît rapidement et, puisque la plupart d'entre eux font l'éloge de la destination à leur retour, ils ont un effet d'entraînement sur leurs proches, à qui ils transmettent l'envie de réaliser un séjour semblable.

C'est ainsi qu'un courant migratoire de Canadiens français vers la Floride se constitue. Puisqu'ils représentent environ 30 % des touristes canadiens en Floride, on estime en 1960 à 70 000 le nombre de visiteurs canadiens-français[56]. La destination se popularise même auprès des Canadiens français parlant peu ou pas l'anglais. Déjà, dans quelques villes situées entre Miami et Fort Lauderdale, on peut repérer de nombreux motels, restaurants et commerces qui, appartenant à des Franco-Américains et à des Canadiens français, offrent des services en français. En 1940, 47 % des quelques milliers de résidents d'origine acadienne ou canadienne-française en Floride habitent les trois comtés austraux du sud-est (Broward, Dade et Palm Beach)[57]. La concentration

---

55 Paul-André Linteau, René Durocher, Jean-Claude Robert et François Ricard, *Histoire du Québec contemporain. Tome II. Le Québec depuis 1930*, éd. révisée, Montréal, Boréal, 1989, p. 629-633 ; Dale C. Thomson, *Louis St-Laurent : Canadien*, Montréal, Cercle du Livre de France, 1968, p. 416-418 ; Godefroy Desrosiers-Lauzon, *op. cit.*, p. 306

56 Godefroy Desrosiers-Lauzon, «À l'envers de l'hiver : le voyage en Floride et les identités canadienne et québécoise», *Social History/ Histoire sociale*, vol. 39, n° 77, 2006, p. 112 ; Godefroy Desrosiers-Lauzon, *Florida's Snowbirds…*, *op. cit.*, p. 176.

57 «1940 + Persons Born in Canada French + Florida», Historical Census Browser, University of Virginia Library [en ligne] : http://mapserver.lib.virginia.edu/php/start. php?year=V1940#2, consulté le 8 juillet 2015.

d'immigrants canadiens-français dans le sud-est a probablement attiré les visiteurs canadiens-français vers certaines villes plus que d'autres. Ce processus organique de rassemblement communautaire n'est pourtant pas exclusif aux Canadiens français. Selon Michael Gannon et Gary Mormino, les Allemands convergent déjà vers Fort Myers, alors que Britanniques et Canadiens anglais se rendent surtout à St. Petersburg. Sur la côte de l'Atlantique, Juifs, Français et Canadiens français se concentrent autour de Miami, les Finlandais convergent vers Lake Worth et les Italiens s'établissent à Key West, par exemple[58]. Pour illustrer la migration de groupes ethniques vers des destinations précises, Godefroy Desrosiers-Lauzon rappelle qu'en 1960, la moitié de la clientèle de l'hôtel Sans souci de Miami Beach est canadienne, bien que moins d'un touriste sur 20 en Floride soit canadien[59].

Les premiers voyageurs provenant de la classe moyenne canadienne-française laissent moins de traces que leurs prédécesseurs de l'élite, mais les premiers festivals de tourisme «canadien» (ou canadien-français) semblent voir le jour au tournant des années 1950. À St. Petersburg, par exemple, en février 1951 le Club canadien-américain tient un bal masqué qui réunit 300 membres et amis pendant le Mardi gras[60]. Pendant quelques décennies, la Floride accueille à la fois l'élite et la classe moyenne. En témoigne le fait que la Société Richelieu, un mouvement patriotique et humanitaire canadien-français, même si elle n'a pas de cercle en Floride, y tient son congrès annuel en novembre 1964[61]. Cinq cents membres affluent du Canada vers un hôtel de Miami, choisi pour son accès à la mer. Lors du banquet des congressistes, le maire de la localité, Robert High, vient les saluer et souligner l'apport des Canadiens français à sa ville. En mars 1967, le volume des migrations saisonnières est tel que l'émission

---

[58] Michael Gannon, *op. cit.*, p. 154; Gary Mormino, *op. cit.*, p. 114.

[59] Godefroy Desrosiers-Lauzon, *Florida's Snowbirds…*, *op. cit.*, p. 175.

[60] Charles T. Thrift, «Saint Anne's Day Observed at Florida Shrine», *All Florida Magazine (The Palm Beach Post)*, 24 juillet 1953, p. 6.

[61] «Vu et entendu au congrès Richelieu», *Le Droit*, 10 novembre 1964, p. 8; Serge Dupuis, «Le passage du Canada français à la Francophonie mondiale: mutations nationales, démocratisation et altruisme au mouvement Richelieu, 1944-1995», thèse de doctorat (histoire), Waterloo, University of Waterloo, 2013, p. 119, 226.

Aujourd'hui, de la télévision de Radio-Canada, enquête sur les touristes canadiens-français à Surfside, ville côtière où leur présence importante pourrait justifier le surnom « Miami P.Q. ».

Le journaliste Pierre Paquette y trouve des commerçants qui souhaitent la bienvenue à leurs « *French Canadian neighbors* » et mettent de l'avant des services en français, tandis que d'autres en offrent en espagnol ou en yiddish. Ces commerçants exhibent des produits canadiens dans leurs vitrines, dont du whisky, mais aussi « du cognac et [du] gros gin », les plus populaires chez les Canadiens français, selon un marchand francophile interviewé. On peut aussi s'y procurer le journal *La Presse* à 30 sous (le triple de son prix à Montréal). Pendant la fin de semaine « *Salute to Canada* » du 10 au 12 mars 1967, l'unifolié et le fleurdelisé flottent côte à côte un peu partout à Surfside[62]. En plus d'activités ponctuelles à la plage, on y tient une messe dominicale en français pendant l'hiver. La paroisse catholique est alors tellement bondée que les bords de fenêtres servent temporairement de sièges. Le lieu revêt déjà le caractère d'une attraction de masse. Les samedis soirs sont ponctués de parties de cartes et de danses. Quelques intervenantes au micro, jeunes et moins jeunes, insinuent même que la libido trouve aussi son compte pendant ces séjours. Pierre Paquette y recense des vacanciers de Montréal et de Québec, de Shawinigan et de Roberval, et précise que les rencontres se tiennent « entre Canadiens français » de provenance diverse. Célébrant sa messe en français, le prêtre rappelle la participation (quoique modeste) de Franco-Américains aux activités de la « colonie ».

Lorsqu'il visite la région 14 ans plus tard, Louis Dupont souligne que la « quasi-totalité » des résidents québécois qu'il rencontre y a passé des vacances avant de s'y installer en permanence[63]. Selon lui, la fréquentation de la péninsule s'intensifie proportionnellement à la diminution de la tolérance pour l'hiver canadien. Il y a des touristes pour qui il est dorénavant impensable de passer

---

[62] Pierre Paquette, « Les Québécois en Floride », *Aujourd'hui* (4 avril 1967), Télévision de Radio-Canada [en ligne] : http://archives.radio-canada.ca/art_de_vivre/voyage/clips/16233/, consulté le 8 janvier 2015.

[63] Louis Dupont, « Le déplacement et l'implantation de Québécois en Floride », *Vie française*, vol. 36, n°s 10-11-12, octobre-novembre-décembre 1982, p. 24-28.

l'hiver sans prendre un moment de répit au soleil. Et forcément, on choisit aussi la Floride pour des raisons économiques et culturelles. En partant de Montréal, on peut atteindre la Floride en 19 heures et Miami en 25 heures, et les billets d'avion aller-retour entre les deux villes se vendent en moyenne à 185 $. Les compagnies aériennes offrent plus d'une liaison par jour entre les grandes villes canadiennes et la Floride. La ville de Sunny Isles offre des services en français dans 27 % de ses motels, 2 touristes sur 5 sont d'origine canadienne-française et le tiers du budget de promotion touristique de la municipalité est dépensé au Canada. Toutefois, on voit déjà poindre à l'horizon un schisme entre touristes aisés à Surfside et jeunes touristes issus des couches populaires, qui séjournent dans les hôtels meilleur marché à Hollywood[64].

Le réaménagement urbain et l'arrivée de nombreux migrants latino-américains dans le grand Miami semblent repousser l'enclave canadienne-française vers le Nord. Par exemple, les ventes du journal *La Presse* à Hollywood et à Hallandale Beach, plus au nord, passent du quart des ventes totales en Floride à plus de la moitié en 20 ans; une clinique, qui dessert majoritairement des touristes québécois, ferme sa succursale de Miami pour en ouvrir deux nouvelles, à Fort Lauderdale et à Hallandale Beach[65]; le mouvement Richelieu, qui a tenu un premier congrès floridien à Miami en 1964, en tient un second à Hollywood en 1988. S'y trouvent alors le Frenchie's Café, où un chansonnier québécois donne une prestation chaque soir, ainsi que les restaurants La Gaspésienne, Qué-Fla, Chez Bébère et La Brochette, qui forment une bande d'une dizaine de kilomètres le long de la plage entre Sheridan Street et Hollywood Boulevard, alors surnommée «Le Petit Québec[66]». Parmi les 151 commerces appartenant à des Canadiens français dans le sud-est de la Floride en 1994, la moitié se situe à Hollywood. Les villes de Pompano Beach, Hallandale Beach et Fort Lauderdale

---

[64] Louis Dupont et Marie Dussault, «La présence francophone en Floride», *Vie française*, vol. 36, n°s 10-11-12, octobre-novembre-décembre 1982, p. 12.

[65] Michel Séguin, *Magazine Carrefour Floride*, vol. 11, n° 4, février 2015, p. 3; Godefroy Desrosiers-Lauzon, *Florida's Snowbirds...*, *op. cit.*, p. 176-177; Serge Dupuis, *op. cit.*, p. 271.

[66] Rémy Tremblay, *Floribec: espace et communauté*, Ottawa, Presses de l'Université d'Ottawa, 2006, p. xi-xii, 28, 52.

(aussi dans le comté de Broward) en abritent chacune près d'une vingtaine, alors que les comtés de Dade et de Palm Beach n'en comptent que quelques-uns.

Aux dires du géographe Rémy Tremblay, pareil quartier ethnique en milieu urbain – à l'image des vieux quartiers canadiens-français des villes de la Nouvelle-Angleterre et de l'Ontario – constitue une anomalie aux États-Unis en cette fin de siècle[67]. De nombreux commerces y affichent «Bienvenue-Welcome», «Nous parlons français» ou encore «TV en français», aux côtés d'un drapeau québécois ou d'une liste de produits canadiens[68]. Les Québécois étant nombreux à les fréquenter en hiver, mais peu présents en été, plusieurs activités et commerces font relâche à ce moment-là. Dans les années 1990, on s'y procure non seulement *La Presse, Le Devoir, Le Journal de Montréal, Le Soleil* de Québec, mais aussi *Le Droit* d'Ottawa-Hull. On peut y diriger ses opérations bancaires à la Desjardins Bank à partir de 1992, ainsi qu'à la Nat Bank à partir de 1994. Ces filiales américaines des Caisses populaires Desjardins et de la Banque nationale, qui dispensent leurs services principalement en français, facilitent les virements et les retraits des comptes bancaires canadiens[69]. Plusieurs cabinets d'avocats, cliniques et agences immobilières, surtout québécois, affichent aussi, par le biais de publications destinées aux Québécois de la région, leur offre de services en français. Nous y reviendrons.

L'ampleur du tourisme canadien en Floride devient telle que certains associent cette pratique à la mollesse patriotique ou encore au manque d'endurance au froid. D'aucuns y voient même une preuve de l'affaissement du tissu social canadien au moment où les déchirements sur la question constitutionnelle se multiplient. Plusieurs touristes répliquent que leur voyage n'a rien à voir avec leur attachement (ou non) au Canada ou au Québec, et qu'ils se passeraient volontiers de vacances en Floride s'il se mettait à faire

---

[67] Anne Gilbert, «Du village à la métropole: les nouvelles communautés franco-ontariennes», dans Dean Louder et Éric Waddell (dir.), *Franco-Amérique*, Québec, Septentrion, 2008, p. 61-82.

[68] Rémy Tremblay, *op. cit.*, p. 35-49.

[69] Godefroy Desrosiers-Lauzon, *Florida's Snowbirds...*, *op. cit.*, p. 186.

chaud quelque part au Canada durant l'hiver[70]. Malgré la dévalua-
tion de la devise canadienne par rapport à la devise américaine
– dont l'écart se creusera de 10 % à 38 % entre 1978 et 2002[71] –,
le nombre de touristes continue de croître. Durant cette période,
nonobstant le nationalisme canadien – qui promeut le multicultu-
ralisme et deux langues officielles – les gouvernements successifs
de Lester B. Pearson, Pierre E. Trudeau et Brian Mulroney intensifient tous le libre-échange commercial avec les États-Unis. Les
Canadiens se familiarisent ainsi avec l'Amérique[72]. Depuis la
décennie 1970, les Canadiens affluent de plus en plus vers les
« destinations soleil » des États-Unis : en Floride, ils ont franchi le
cap du million en 1970 et dépassent les deux millions en 1989[73].
Selon des estimations, le nombre de touristes québécois ayant
visité le sud-est de la Floride est passé de 350 000 pendant la saison
1981-1982 à 550 000 sept ans plus tard[74].

Cette augmentation spectaculaire – partant de 70 000 en 1960
–, induite par les facteurs susmentionnés (les autoroutes, le climat,
le loisir, la publicité, les quartiers canadiens-français et le revenu
disponible) est aussi attribuable à l'émergence d'attractions de
masse, dont les colonies d'animaux exotiques qui marquent le projet touristique de l'État depuis la fin du XIXe siècle. L'ouverture de
Cypress Gardens à Winter Haven en 1936 et de la plateforme de
lancement de fusée de la National Aeronautics and Space

---

[70] Éric Robitaille, « Maurice Ouellette en Floride », *Quelque part entre la 11 et la 17*,
Première chaîne de Radio-Canada, Nord de l'Ontario, 19 décembre 2006, 6 minutes ; *ibid.*,
p. 218.

[71] « Canadian Dollar 1978 + 2002 », Trading Economics [en ligne] : http://www.
tradingeconomics.com/canada/currency, consulté le 18 octobre 2015.

[72] Norman Hillmer et J.L. Granatstein, *For Better or for Worse: Canada and the United
States into the Twenty-First Century*, Toronto, Nelson Thomson Learning Publishers, 2007,
359 p.

[73] Sylvain de Repentigny, « International Travel Survey: Canadian Residents 1980-1999.
Data Selected: U.S. State Visits, Including En Route. Total U.S. State Visits Selected, U.S.
Regions by U.S. States, 1 + Nights by Visits and Spending Less Fares. Florida 1980-1999 »,
Ottawa, Statistique Canada, document inédit envoyé par courriel, 30 juillet 2007 ; Godefroy
Desrosiers-Lauzon, *Florida's Snowbirds...*, *op. cit.*, p. 218-219.

[74] Robert Chodos et Eric Hamovitch, *op. cit.*, p. 215 ; Louis Dupont et Marie Dussault,
op. cit., p. 9.

Administration (NASA) à Titusville en 1962 en font un pivot d'attractions uniques au monde[75].

Il faut toutefois attendre les années 1960 et l'arrivée du dessinateur et entrepreneur Walt Disney pour que la Floride devienne la principale destination touristique de la planète[76]. Avec une température clémente à longueur d'année et des terrains se vendant à moins de 200 $ l'acre, elle lui paraît idéale pour réaliser son rêve de construire le plus important complexe de parcs thématiques au monde[77]. Disney se montre habile. En vue d'éviter une flambée de spéculation foncière, l'entrepreneur crée des compagnies bidon qui acquièrent, de 1963 à 1965, plus de 27 000 acres au sud-ouest d'Orlando. Il embauche 9000 ouvriers et dépense 400 millions de dollars pour construire un premier parc, le Magic Kingdom, et un premier hôtel de luxe, qui ouvrent leurs portes le 1er octobre 1971. L'arrivée de Walt Disney World (WDW) transforme irrémédiablement la Floride; la chute du tourisme dans les parcs nature, la présence de dizaines de milliers de travailleurs sous-payés, le déplacement du cœur du tourisme floridien du sud vers Orlando et le développement d'une représentation exacerbée du consumérisme y sont généralement considérés comme tributaires. Ce processus de marchandisation radicale des sociétés viendra par porter un nom, la disneyfication[78]. Dans les années 1970 et 1980, les environnementalistes tentent de freiner le surdéveloppement et la pollution, amenés par le tourisme de masse, mais leurs efforts ont peu d'effet. Plusieurs perçoivent désormais Miami comme une destination dangereuse, tandis qu'Orlando incarne l'idéal de la destination familiale, un revirement inattendu. Même si d'autres parcs, dont Sea World (1973) et Universal Studios (1990) ouvrent leurs

---

[75] «Kennedy's Launch Control Center», Kennedy Space Centre, National Aeronautics and Space Administration [en ligne]: http://www.nasa.gov/centers/kennedy/about/history/LCC/LCC_feature.html, consulté le 8 juillet 2015.

[76] Si l'on tient compte des touristes domestiques et étrangers, la Floride dépasse la France, la première destination de touristes étrangers au monde.

[77] «Walt Disney World», The History Channel [en ligne]: http://www.history.com/topics/us-states/florida/videos/walt-disney-world-fantasy-built-on-swampland, consulté le 8 janvier 2015; Gary Mormino, op. cit., p. 102-107.

[78] Frank Breslin, «The Disneyfication of American Education», The Huffington Post, 24 septembre 2014 [en ligne]: http://www.huffingtonpost.com/frank-breslin/disneyfication-of-education_b_5872570.html, consulté le 8 juillet 2015; Gary Mormino, op. cit., p. 115-121.

portes pour lui faire concurrence, le WDW accueille 100 millions de visiteurs pendant sa première décennie[79]. Si l'on estime que les touristes canadiens-français constituent environ 2 % des visiteurs en Floride à l'époque, on peut extrapoler que deux millions de Canadiens français auraient visité le château de Cendrillon de 1971 à 1981 seulement[80].

Le succès du premier parc est tel que Disney World ouvre, en 1982, l'Epcot Centre, qui met en vedette les 10 pays desquels provient la majorité de ses visiteurs, dont le Canada[81]. Tandis que les concepteurs du pavillon avaient initialement imaginé une rue principale où un des côtés aurait représenté le Canada anglais et l'autre, le Canada français, le gouvernement du premier ministre Pierre Trudeau intervient pour demander l'uniformité du pavillon, et qu'il illustre plutôt les origines diverses – notamment autochtones, celtes et françaises – de ses citoyens[82]. Autrement dit, les négociations constitutionnelles établiront des legs durables, même au WDW. L'exposition contribuera à façonner une certaine vision du Canada chez des dizaines de millions de visiteurs, dont plusieurs seront des Canadiens. D'autres parcs, dont Disney-MGM Studios (1989) et Animal Kingdom (1998), ne feront qu'accroître le nombre de visiteurs annuels au célèbre complexe de divertissement.

÷

En raison de sa proximité avec le Canada et de son accessibilité financière, géographique et culturelle, la Floride est devenue la principale destination touristique des Canadiens français. À l'inverse des colons qui s'y sont établis, les touristes ont été moins marqués par la culture de masse floridienne. S'ils ont adopté

---

[79] «Walt Disney World History», WDWMagic.com [en ligne]: http://www.wdwmagic.com/walt-disney-world-history.htm, consulté le 19 octobre 2015.

[80] Bill McGoun, «Canada fighting to maintain identity», *The Palm Beach Post*, 29 septembre 1987, p. E1; Gary Mormino, *op. cit.*, p. 12-13.

[81] «O Canada!», Walt Disney World, The Walt Disney Company [en ligne]: https://disneyworld.disney.go.com/attractions/epcot/o-canada/, consulté le 9 juillet 2015.

[82] «Epcot Center's *O Canada!* film gets an update», *The Edmonton Journal*, 30 juillet 2007 [en ligne]: http://www.canada.com/edmontonjournal/news/culture/story.html?id=185ec8a5-0600-400c-b2fc-7e04a0adc5ad#__federated=1, consulté le 9 juillet 2015.

certains loisirs et quelques pratiques de consommation propres à la péninsule, ils n'ont pas été beaucoup influencés étant donné la brièveté de leurs séjours. Le tourisme canadien-français met en lumière l'empreinte que peut avoir la culture nord-américaine sur les mœurs quotidiennes, mais aussi la persistance des valeurs distinctes, plus difficiles à enrayer lors de contacts ponctuels, malgré le poids, imposant par moments, du rouleau compresseur américain[83]. Ce sont surtout les souvenirs, les coups de soleil et les récits de voyage que les touristes canadiens-français ont rapporté chez eux. À l'inverse, certains touristes, après un séjour «magique», choisiraient de s'installer en Floride et de s'intégrer à l'ordre symbolique et culturel américains, comme nous le verrons.

---

[83] Fernand Dumont, *Raisons communes*, Montréal, Boréal, 1997, p. 79-92.

CHAPITRE TROIS
LES IMMIGRANTS

C'est la maudite paix ici.
Les chars sont pas chers
puis tu peux les garder longtemps ;
le linge est pas cher non plus [...]
Je vois ma famille en masse.
On se voit,
ils viennent ici,
puis je ne me sens pas tout seul.

Maurice [ca. 1995], dans
Rémy Tremblay, *Floribec : espace et communauté*,
Ottawa, Les Presses de l'Université d'Ottawa, 2006, p. 104.

S i la plupart des touristes ont simplement rapporté dans leurs bagages souvenirs et récits, s'ils ont pratiqué des loisirs familiers, fréquenté quelques endroits connus de leurs proches et (parfois) même évité d'avoir recours à l'anglais, l'histoire a été tout autre chez un troisième groupe de Canadiens français, soit celui qui a choisi d'émigrer en Floride. Ces résidents partagent plusieurs caractéristiques avec les colons dans la mesure où eux aussi s'y sont établis en permanence ; ils s'en différencient toutefois en ayant fréquenté la Floride comme touristes avant de s'y installer. Ils se distinguent également des agriculteurs pionniers du fait qu'ils sont arrivés en Floride après son défrichement et qu'ils ont œuvré dans les secteurs de la transformation et des services. Ils se sont intégrés au processus moderne d'immigration, qui exige que les nouveaux arrivants obtiennent un permis de travail, un statut de résidence et, à l'occasion, la citoyenneté américaine. De plus, ces immigrants n'ont pas choisi la péninsule à des fins de subsistance : ils ont souvent été des migrants économiques, souhaitant profiter d'un régime fiscal allégé et ayant le revenu disponible nécessaire pour s'installer au soleil. Cette distinction entre colons, touristes et immigrants devient plus évidente quand on examine le contexte de l'immigration aux États-Unis entre 1942 et 1968, de même que la relative faiblesse du réseau institutionnel que les Canadiens français y ont établi. Dans bien des cas, cela a accéléré leur intégration à la société majoritaire américaine.

L'établissement en Floride

Au milieu du XXe siècle, la prévalence d'une culture de consommation nord-américaine, conjuguée au développement du secteur hôtelier et à l'augmentation des revenus a permis l'émergence de la Floride comme destination pour le tourisme de masse. La migration de Canadiens français et de Franco-Américains dans la péninsule, quant à elle, a été favorisée par deux éléments de développement infrastructurel dans le sud-est : la canalisation des estuaires pendant les années 1930 et l'ouverture d'une base d'entraînement pour les soldats se préparant à participer à la Deuxième Guerre mondiale. De plus, puisque le régime d'immigration américain sollicite la venue de migrants temporaires canadiens entre 1942 et 1968, environ 60 000 immigrants canadiens-français, selon notre estimation[1], répondront à l'appel.

---

[1] En 1940, 9 % de la population canadienne en Floride est d'origine canadienne-française et ce taux s'élèvera à 73 % en 1990. Puisque la population canadienne en Floride est de 114 615 en 1970 et en présumant que le nombre des Canadiens français augmente de façon constante, on arrive à une proportion de 56 % ou un total de 64 184 en 1970. En soustrayant les 877 Canadiens français présents dans l'État en 1940, on arrive à 63 307 immigrants canadiens-français qui se seraient installés entre 1940 et 1970. «Table 45. Social Characteristics by Race: 1960 and 1970», *1970 Census of Population. Volume 1. Characteristics of the Population. Part 11. Florida section 4*, Washington, United States Census Bureau, avril 1973, p. 11-212; «1940 + Whites Born in French Canada + Florida», Historical Census Browser, University of Virginia Library [en ligne]: http://mapserver.lib.virginia.edu/php/start.php?year=V1940, consulté le 9 juillet 2015.

En 1926 et 1928, deux ouragans dévastateurs éprouvent dure-ment la population floridienne et entraînent une chute importante des prix du marché immobilier. La situation ne fait qu'empirer à la suite du Krach boursier d'octobre 1929. En raison de la hausse spectactulaire du chômage et de la diminution des revenus aux États-Unis, le secteur touristique, sur lequel l'État compte, s'ef-fondre. En Floride, le taux de chômage atteint un niveau tel que le président Franklin D. Roosevelt y investit des millions de dollars du *New Deal*. Dès 1935, ce programme de relance économique crée 40 000 emplois en Floride, dans le secteur des travaux publics, et y attire plusieurs jeunes chômeurs du Nord[2]. On reprend alors et intensifie des projets du siècle dernier, en relançant la canalisa-tion d'estuaires (pour préparer de nouveaux terrains à une éven-tuelle exploitation), ainsi qu'en ouvrant des moulins forestiers et des usines de cigares cubains pour concurrencer le monopole de La Havane. Le *New Deal* finance aussi la transformation en auto-route de l'ancienne voie ferrée reliant Miami à Key West, partielle-ment emportée par un ouragan en 1935. La route accueillera ses premiers automobilistes trois ans plus tard. Sa construction, pour-tant, n'encourage en rien l'immigration, les États-Unis de l'Entre-deux-guerres étant traversés par un important courant isolationniste. Depuis 1924, le *National Origins Quota Act* limite le nombre d'immigrants annuel à un quota correspondant à 3 % des membres du groupe ethnique visé présent aux États-Unis en 1910. Cette mesure, destinée à maintenir «l'équilibre existant» entre les différents groupes ethniques en sol américain, réduit dra-matiquement le nombre brut d'immigrants et, surtout, limite sévèrement les contingents de migrants provenant de l'extérieur de l'Europe de l'Ouest[3]. La loi exempte toutefois les Canadiens et ne ralentit pas leur migration vers la Nouvelle-Angleterre. Ce sont plutôt les pires années de la Crise économique, entre 1929 et 1933, qui y mettent fin.

---

[2] Michael Gannon, *Florida: A Short History*, éd. revue, Gainesville, University Press of Florida, 2003, p. 89-95.

[3] Robert Barde, Susan B. Carter et Richard Sutch (dir.), *Historical Statistics of the United States. Earliest Times to the Present. Millennial Edition. Volume One. Part A. Population*, New York, Cambridge University Press, 2006, p. I-257.

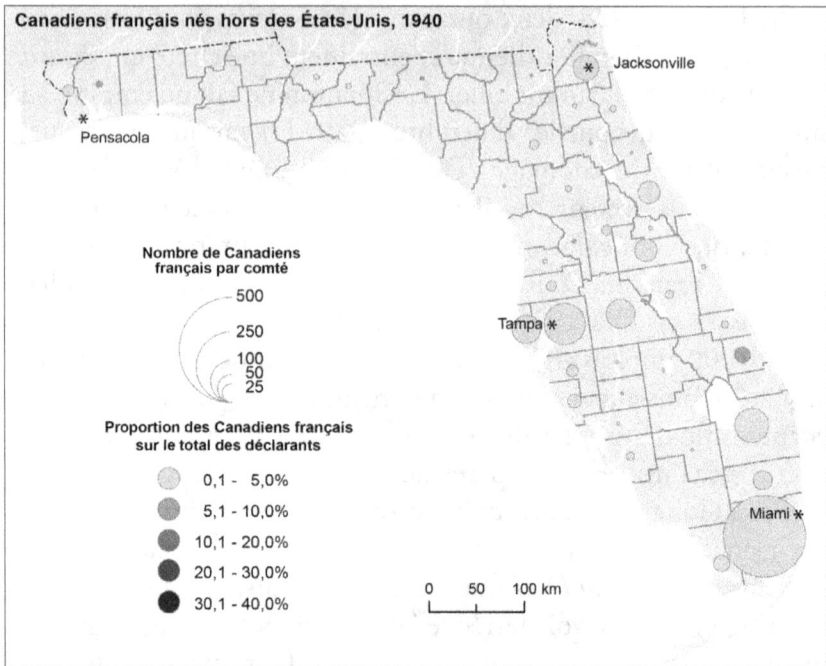

Canadiens français nés hors des États-Unis, 1940

Jacksonville

Pensacola

Nombre de Canadiens
français par comté

500

250

100
50
25

Proportion des Canadiens français
sur le total des déclarants

0,1 - 5,0%

5,1 - 10,0%

10,1 - 20,0%

20,1 - 30,0%

30,1 - 40,0%

Tampa

Miami

0   50   100 km

Philippe Desaulniers, Proportion et nombre d'immigrants canadiens-français
selon les données du U.S. Census Bureau (1940),
Centre interuniversitaire d'études québécoises (CIÉQ), Université Laval, 31 août 2015.

Le fait qu'on ait choisi, en novembre 1940, le sud-est floridien comme lieu d'entraînement des pilotes américains en vue de l'entrée éventuelle des États-Unis en guerre, signale l'arrivée de milliers de nouveaux résidents dans le secteur. En raison du climat tempéré et des terres planes de la région, la Garde nationale y construit 40 bases où travailleront à leur apogée 90 000 soldats[4]. Pour leur hébergement, la Garde loue à Miami Beach 500 hôtels et 70 000 chambres. L'ampleur de la préparation militaire à la Guerre est telle que plus de deux millions d'engagés transitent par l'État entre 1940 et 1945. Il est possible que le souvenir du séjour à Miami ait apporté réconfort aux soldats pendant les combats… et que la destination se soit révélée comme idéale pour établir une famille après le conflit. Pendant la décennie 1940, alors que la population américaine augmente de 15 %, celle de la Floride croît

---

[4] Michael Gannon, *op. cit.*, p. 104-109.

de 46 %. À Miami seulement, le nombre d'emplois manufacturiers double en trois ans, tandis que la production, spécialisée en aviation et en technologie militaire, quadruple pendant les années 1950. Dans son ensemble, l'économie de l'État croît de 79 %, un taux qui demeurera inégalé[5].

La spectaculaire croissance démographique, économique et urbaine de la Floride est encouragée par un taux de taxation individuel et commercial parmi les plus faibles au pays[6]. Des entrepreneurs se regroupent en 1954 pour former la General Development Corporation, une société de développement foncier vouée à l'implantation sur la péninsule de familles américaines du Nord. Ses efforts incitent le magazine *Life* à mener une enquête, en décembre 1955, sur ce milieu clément où les familles peuvent se procurer une résidence neuve pour aussi peu que 5000 $. Rose Brousseau, une migrante originaire de Montréal, achètera deux maisons pour ce prix dans la région de Miami quelques années plus tard[7]. Le fait qu'on puisse maintenant fréquenter la Floride avant de décider ou non d'y emménager incite plusieurs curieux à y faire un séjour exploratoire. Selon des estimations, trois nouveaux résidents sur quatre passeraient des vacances sur la péninsule avant d'y déménager[8]. Ces voyages – qui deviennent des déménagements – font grimper la population ; celle des 3 comtés du sud-est atteint 1,5 million et celle de l'État atteint 5 millions en 1960[9]. Ce rythme se maintiendra tout au long du siècle, la Floride accueillant une moyenne de 600 nouveaux résidents par jour (!).

Les migrations à l'extérieur de la vallée laurentienne, un « événement majeur de l'histoire canadienne-française[10] », contribuent à l'émergence du projet national canadien-français au milieu du XIXᵉ siècle. Nombre de nationalistes en viennent à lier la survie

---

[5] Gary Mormino, *Land of Sunshine State of Dreams: A Social History of Modern Florida*, Gainesville, University of Florida Press, 2005, p. 166 ; *ibid.*, p. 130.

[6] Godefroy Desrosiers-Lauzon, *Florida's Snowbirds: Spectacle, Mobility, and Community since 1945*, Montréal/Kingston, McGill-Queen's University Press, 2011, p. 85.

[7] Entrevue avec Rose Brousseau, Lake Worth (Floride), 12 janvier 2008.

[8] Louis Dupont, « Le déplacement et l'implantation de Québécois en Floride », *Vie française*, vol. 36, nᵒˢ 10-11-12, octobre-novembre-décembre 1982, p. 26.

[9] Gary Mormino, *op. cit.*, p. 23, 47-55 ; Godefroy Desrosiers-Lauzon, *op. cit.*, p. 83, 91.

[10] Albert Faucher, « Projet de recherche historique : l'émigration des Canadiens français au XIXᵉ siècle », *Recherches sociographiques*, vol. 2, nᵒ 2, avril-juin 1961, p. 244.

d'une société française au Québec à la stabilité démographique et culturelle des «avant-postes» en périphérie du foyer national. Dans la première moitié du XXᵉ siècle, on peut visiter Woonsocket (Rhode Island) ou Windsor (Ontario) et croire que la langue française, transmise sur deux ou trois générations, s'y porte bien[11]. Toutefois, la désindustrialisation du nord-est américain, qui, en une décennie, réduit de moitié le nombre d'emplois dans le secteur du textile, accélérera l'effilochement des Petits Canadas au profit de banlieues et d'autres villes plus dynamiques de l'Amérique. À partir du moment où les ouvriers de la Nouvelle-Angleterre migrent vers les chantiers de travaux publics inaugurés par le *New Deal*, on voit émerger une enclave franco-américaine durable dans le sud-est de la Floride. Le recensement de 1940, qui ne dénombre que les immigrants canadiens-français, ne permet pas de mesurer son importance. Rémy Tremblay avance cependant que 19 800 parlants français auraient vécu dans le grand Miami en 1946, dont sans doute une forte proportion de Canadiens français[12].

Pendant cette période, les lois d'immigration favorisent la venue de travailleurs canadiens aux États-Unis, mais il est difficile de mesurer l'impact de ces programmes sur la migration canadienne-française en Floride. Le «Bracero Program» (1942-1964), nom qui évoque l'expression espagnole «travailleur de bras», attire aux États-Unis maints agriculteurs mexicains (et dans une moindre mesure canadiens) en appui indirect à l'effort de guerre et à la reconstruction de l'Europe[13]. L'immigration, conçue en 1924 en tant que régime de «quotas d'origines nationales» et visant à limiter la présence de certains groupes ethniques, s'effrite progressivement après la Guerre. En 1952, le *Immigration and Nationality Act* rend, pour la première fois depuis la fin du XIXᵉ siècle, tout

---

[11] Yves Frenette, *Brève histoire des Canadiens français*, Montréal, Boréal, 1998, p. 174; Yves Roby, *Histoire d'un rêve brisé? Les Canadiens français aux États-Unis*, Québec, Septentrion, 2007, p. 106-107, 136.

[12] Rémy Tremblay, *Floribec : espace et communauté*, Ottawa, Presses de l'Université d'Ottawa, 2006, p. 17.

[13] «Opportunity or Exploitation: The Bracero Program», America on the Move, National Museum of American History [en ligne] : http://amhistory.si.edu/onthemove/themes/ story_51_5.html, consulté le 9 juillet 2015; Robert Barde *et al.*, *op. cit.*, p. I-527.

individu éligible à l'immigration. On ne revoit toutefois pas le régime de fond en comble : les ouvriers canadiens continuent d'être exclus des quotas établis.

C'est dans un contexte de croissance économique sans précédent et un cadre juridique favorable à l'accueil d'ouvriers nord-américains, que l'émigration canadienne vers les États-Unis reprend de plus belle. Des centaines de milliers de Canadiens choisissent alors d'émigrer vers la Nouvelle-Angleterre, New York, le Texas et la Californie. Le contingent canadien en Floride passe de 9 368 en 1940 à 114 615 en 1970[14]. Certes, les catégories ne se recoupent pas parfaitement, la deuxième cohorte comprenant des descendants de migrants canadiens – un groupe plus large que les immigrants tout court –, mais l'implantation récente d'une majorité de résidents permanents rend cette différence marginale.

Après avoir été en vigueur pendant quatre décennies, l'exemption canadienne des politiques d'immigration arrive à sa fin. En 1965, le Congrès américain abolit la *National Origins Quota Act* et le remplace par la *Immigration and Nationality Act*, qui accorde une priorité à la réunification familiale. On estime que les Américains naturalisés peuvent mieux accompagner l'intégration de leurs proches que le gouvernement ne peut le faire avec des individus sans famille. C'est en raison de cette logique que le Canada perd son privilège en matière d'immigration en 1968. Certes, les résidents permanents canadiens sont nombreux aux États-Unis, ils comptent pourtant parmi les migrants les moins portés à acquérir la citoyenneté américaine. Ce faible taux de naturalisation contribue à faire chuter le taux d'immigration des Canadiens aux États-Unis de 73 % entre les dernières années du régime des origines nationales et les premières années du régime des réunifications familiales[15]. Si les Canadiens représentent 10 % des étrangers aux États-Unis en 1960, ils n'en représenteront plus que 2 % au début du XXIe siècle. Le nombre brut d'immigrants

---

[14] « 1940 + Persons Born in Canada », *op. cit.*, 9 juillet 2015 ; Robert Barde *et al.*, *op. cit.*, p. I-553, I-572-I-573.

[15] Robert Barde *et al.*, *op. cit,*, p. I-647.

canadiens aux États-Unis stagnera à environ 800 000[16]. Leur présence en Floride sera aussi atrophiée, le nombre de résidents permanents de naissance canadienne ne s'élevant qu'à 77 559 en 1990.

Selon Dean Louder et Éric Waddell, les migrants canadiens-français après la Deuxième Guerre mondiale ne se déplacent plus à des fins de subsistance ; ils sont des immigrants économiques « à la recherche d'un emploi », qui cherchent à améliorer leur sort, ou des aventureux, qui ont « envie de "sacrer [leur] camp"[17] ». Dans un contexte de stabilité politique et économique, les occasions professionnelles et l'exotisme qu'offrent les États-Unis semblent l'emporter sur les craintes, plus vives pendant une période instable, de perdre un réseau social ou un emploi. Comme ils l'ont fait en tant que touristes, les immigrants québécois, acadiens et franco-ontariens suivent le tracé des Interstate 81 et 95, qui relient la Nouvelle-Angleterre et New York à Miami[18]. Les courants migratoires se forment souvent de telle manière que les migrants privilégient les destinations où ils connaissent des proches. C'est ainsi que les Montréalais se dirigeront surtout vers Hollywood, tandis que les Beaucerons et les Estriens s'arrêteront plutôt dans le comté de Palm Beach, par exemple[19].

Ce processus amène plusieurs migrants dépaysés à donner une marque distincte à leur nouvel environnement, non sans exagération parfois. Selon Paul-André Rosental, ces groupes procèdent à distinguer leur pays d'accueil en caricaturant progressivement leur pays d'origine, au fur et à mesure qu'ils s'habituent à leur nouvelle vie. À tel point que les migrants en viennent à associer leur milieu d'origine aux fardeaux familiaux, à la tradition et aux particula-

---

[16] « Table 19. Place of Birth of Foreign-Born Persons : 1990 », dans *1990 CP-2-11. 1990 Census of Population. Social and Economic Characteristics. Florida. Section 1 of 3*, Washington, United States Bureau of the Census, 1993, p. 117 ; Jie Zong, Hataipreuk Rkasnuam et Jeanne Batalova, « Canadian Immigrants in the United States », Migration Policy Institute (15 septembre 2014) [en ligne] : http://www.migrationpolicy.org/article/canadian-immigrants-united-states, consulté le 9 juillet 2015.

[17] Dean Louder et Éric Waddell, « Partir », *Vie française*, vol. 36, n°s 10-11-12, octobre-novembre-décembre 1982, p. 3.

[18] Gary Mormino, *op. cit.*, p. 78.

[19] Serge Dupuis, « Sondage auprès des Canadiens français de Palm Beach », document inédit, janvier 2008, 44 p. ; Louis Dupont, *op. cit.*, p. 24.

rismes, tandis que le milieu d'accueil devient évocateur de modernité, de liberté et de cosmopolitisme[20]. Yves Roby constate la même chose en Nouvelle-Angleterre, où des migrants canadiens-français exagèrent le niveau de pauvreté au Québec afin de mieux le distinguer du pays d'adoption[21]. Pourtant, la croissance et la distribution de la richesse au Québec atteint, à cette époque, des niveaux comparables au reste de l'Amérique du Nord. Même si le chômage saisonnier demeure un défi en milieu rural et que le Canadien français moyen en 1961 ne touche que les deux tiers du revenu du Canadien anglais moyen, le niveau d'endettement et de chômage dans le secteur agricole n'est plus ce qu'il était.

Au micro de l'émission *Aujourd'hui*, en mars 1967, un curé confirme l'existence d'une «bonne colonie» de résidents permanents canadiens-français à Surfside – même s'il n'est pas en mesure d'en préciser l'ampleur[22]. Certains immigrants fréquentent sa paroisse, même si la messe n'est dite en français que pendant la saison touristique. On peut difficilement cerner le caractère de ce groupe d'immigrants, puisqu'il n'a pas pris part à un effort concerté de colonisation. Comme plusieurs des migrations vers la Nouvelle-Angleterre qui les ont précédées, les migrations vers la Floride sont conditionnées par l'existence de réseaux de proches et l'impression de pouvoir refaire sa vie au soleil à moindre coût. Par exemple, trouvant le métier de mécanicien peu profitable au Québec trois saisons sur quatre, Conrad Roy, originaire de Rock Island (Québec), se convainc qu'il vaudrait mieux travailler «en chemise blanche en Floride[23]», là où il n'y a ni gelée ni gadoue. Après un premier séjour à l'hiver 1958, il se met à penser qu'il serait «fou de travailler [ailleurs]». Il s'installe donc à Lake Worth, où il exploitera un garage pendant 45 ans. Le même hiver, Rose Brousseau, de

[20] Paul-André Rosental, «Maintien/ rupture: un nouveau couple pour l'analyse des migrations», *Annales, Économies, Sociétés, Civilisations*, vol. 45, n° 6, 1990, p. 1403-1431.

[21] Paul-André Linteau *et al.*, *Histoire du Québec contemporain. Tome II. Le Québec depuis 1930*, Montréal, Boréal, 1989, p. 167-177, 204-234, 311-327, 623-630; Yves Roby, *Les Franco-Américains de la Nouvelle-Angleterre. Rêves et réalités*, Sillery, Septentrion, 2000, p. 27, 266-271; Yves Frenette, *op. cit.*, p. 161.

[22] Pierre Paquette, «Les Québécois en Floride», *Aujourd'hui* (4 avril 1967), Télévision de Radio-Canada, http://archives.radio-canada.ca/art_de_vivre/voyage/clips/16233/, consulté le 9 juillet 2015.

[23] Entrevue avec Conrad Roy, Greenacres (Floride), 8 janvier 2008.

Montréal, s'installe à Miami, où ses parents passent annuellement des vacances prolongées depuis quelques années. La richesse naturelle de la région la charme au point où elle téléphone à son mari au Québec (sans hésitation selon son souvenir) pour lui annoncer qu'ils s'établiront dans la région dans les plus brefs délais. De retour au Canada, elle fait la demande d'un permis de travail, le reçoit cinq semaines plus tard et achète deux maisons, dont une destinée à la location. Elle estimera par la suite avoir atteint un niveau de confort matériel supérieur à ce qu'elle aurait connu si elle avait fait sa vie au Québec[24].

De telles décisions spontanées semblent être moins rares qu'on le croirait, car plusieurs migrants rencontrés relateront des histoires semblables. À l'hiver 1964, Joseph Asselin, de Stanstead (Québec), fait relâche de son emploi au magasin Zeller's de Granby pour travailler à Surfside pendant la saison touristique. Tombé sous le charme de «l'hiver» floridien, il rentre dans un Québec enneigé, démissionne de son poste et émigre en Floride avec son épouse l'automne suivant[25]. Son niveau d'anglais général et sa connaissance de la terminologie dans le secteur du détail étant relativement avancés, il se sent confiant dans son pari. Il convainc donc sa conjointe, Nicole Bureau, d'entreprendre des démarches pour faire reconnaître en Floride sa formation d'infirmière, ce qui exige qu'elle remplisse «un paquet de paperasse[26]». Pour leur part, Roland et Simone Doyon délaissent les fermes de la Beauce pour gagner le Maryland pendant quatre ans, avant de s'établir à Palm Springs en 1968. Ils pensent pouvoir trouver de meilleures occasions professionnelles en Floride, où il est toujours possible, contrairement au Canada, de travailler «avec un pic puis une pelle» sans formation professionnelle obligatoire. «Le monde qui s'en venait ici se pognait un job tout de suite, vu qu'il y avait de l'ouvrage partout[27]», raconte Roland Doyon. Le comté de Palm Beach demeure propice à la construction domiciliaire,

---

[24] Rose Brousseau, *op. cit.*, 12 janvier 2008.

[25] Entrevue avec Joseph Asselin, Lantana (Floride), 9 janvier 2008.

[26] Entrevue avec Nicole Bureau, Lantana (Floride), 9 janvier 2008.

[27] Entrevue avec Roland Doyon et Simone Doyon, Palm Springs (Floride), 8 janvier 2009.

surtout depuis l'arrivée de 23 millions de mètres cubes de terre meuble, destinée à enfouir les marais[28].

Les migrations en étapes, d'abord vers les États limitrophes du Québec puis vers ceux plus au sud, rappellent le mouvement des Canadiens français vers la Nouvelle-Angleterre au XIXe siècle[29]. D'ailleurs, les Doyon ne sont pas les seuls à procéder par étapes. Un autre, né en Estrie, a émigré après la Guerre avec ses parents : d'abord au Vermont, où les salaires étaient censés être supérieurs à ceux du Québec, puis en Floride, dans les années 1970[30]. Originaire de Chartierville (Québec), une localité frontalière, Raymond Lemay s'installe, jeune adulte, au Vermont. Il y fait carrière puis gagne la Floride à sa retraite. D'une part les salaires – supérieurs aux États-Unis – et d'autre part son dégoût pour le froid – qui le « maganait ben gros[31] » dans l'industrie forestière – l'inciteront à s'installer dans le Sud en 1986. Pour sa part, Denise d'Anjou, originaire du « Petit Canada » de Manchester (New Hampshire), choisit de vivre à Palm Beach au même moment[32].

Ces récits s'insèrent dans le contexte d'un Québec où les habitudes de consommation nord-américaines se répandent et où plusieurs craintes vis-à-vis des États-Unis s'atténuent. Y émerge aussi l'ambition chez de jeunes hommes d'affaires de conquérir l'Amérique. Certes, les Canadiens français se sont rarement empêchés de migrer vers une cité industrielle américaine ou ontarienne quand les salaires y étaient plus élevés, mais ils ont souvent continué d'adhérer à un réseau institutionnel national catholique et français, comprenant paroisse, école et associations canadiennes-françaises. Les premiers ministres à Québec, de Jean Lesage à Jacques Parizeau, mettent de l'avant nombre d'initiatives visant à favoriser la promotion sociale des Canadiens français. On promeut le français au travail comme moyen de monter les

---

[28] Gary Mormino, *op. cit.*, p. 49-50.

[29] Yves Frenette, « La genèse de la communauté canadienne-française en Nouvelle-Angleterre : Lewiston (Maine), 1800-1880 », *Historical Papers/ Communications historiques*, vol. 24, n° 1, 1989, p. 80.

[30] Entrevue avec Albert et Ginette, Lake Worth (Floride), 7 janvier 2009. Ces participants ont demandé que leur patronyme ne soit pas publié.

[31] Entrevue avec Raymond Lemay, Lake Worth (Floride), 7 janvier 2009.

[32] Entrevue avec Denise d'Anjou, Lake Worth (Floride), 7 janvier 2009.

échelons plus facilement, tout en consolidant, certains diront paradoxalement, les rapports commerciaux avec les États-Unis. Québec y ouvre huit délégations et multiplie les missions diplomatiques auprès des gens d'affaires de New York, dans une volonté d'affranchir l'économie du Québec de l'écrasante influence canado-britannique[33]. Ce mouvement accroît la dépendance de la Belle Province vis-à-vis du capital américain, mais plusieurs sociétés francophones – dont certains dirigeants ont été formés aux nouvelles sociétés d'État (Hydro-Québec, Caisse de dépôt et placement, etc.) connaissent un succès impressionnant aux États-Unis. Bombardier, Cascades, Desjardins, Quebecor et SNC Lavalin sont toutes de la partie. Leur nationalisme semble toutefois assez faible, aucune de ces entreprises ni de leurs dirigeants n'établit de paroisse ou d'école canadienne-française dans les nouveaux pôles d'attraction (Los Angeles, Miami, New York, etc.). Les immigrants de l'après-guerre semblent moins inspirés par la « survivance » franco-catholique et, par conséquent, moins préoccupés par une éventuelle américanisation et anglicisation de leur progéniture.

En 1981, Louis Dupont constate que la plupart des migrants justifient leur départ en reprochant à la Belle province sa température hivernale. Réflexion souvent accompagnée d'une critique du niveau élevé de taxation, de règlementation et de syndicalisation au Québec[34]. Ceux-ci semblent préférer le libéralisme économique à l'intervention étatique. Par exemple, lorsqu'on demande à Alain et Louise Tessier, propriétaires du Bellair Motel, de justifier leur départ, ils soulignent rapidement le climat et le taux d'inflation au Canada. Ainsi, depuis quelques années, Québec rapatrie une partie des intérêts fonciers appartenant à des étrangers, alors qu'Ottawa a interdit la revente de terrains à des fins spéculatives, aboli la déduction d'impôt sur les transactions immobilières et nationalisé certaines entreprises pétrolières. Ces mesures affaiblissent la devise canadienne. En contrepartie, la

---

[33] Robert Chodos et Eric Hamovitch, *Quebec and the American Dream*, Toronto, Between the Lines, 1991, p. 153-169, 198.
[34] Godefroy Desrosiers-Lauzon, *op. cit.*, p. 195.

Floride autorise la spéculation par des étrangers et maintient un taux hypothécaire inférieur de 3,5 % à celui du Canada.

Plusieurs migrants ambitieux se rendent donc en Floride dans le but de profiter d'une plus grande part de leurs revenus. Le climat entrepreneurial et la possibilité de travailler à son compte récolte la faveur de « plusieurs répondants[35] » à l'enquête de Dupont. Un journaliste du *New York Times* souligne que les prix du carburant et des provisions alimentaires se situent à environ la moitié des prix au Canada[36]. Le pouvoir d'achat, tout autant que le climat, motivent ces migrants, qui se préoccupent peu de l'influence de la culture anglo-américaine qu'ils seront appelés à épouser tôt ou tard. La familiarité des Canadiens français avec les centres commerciaux, les chaînes de restauration rapide, les bungalows et les produits de consommation nord-américains, facilite aussi leur intégration à la vie floridienne.

Vers 1970, 20 000 $ en capitaux suffisent pour démarrer une entreprise en Floride. Et les Canadiens français bénéficient d'un préjugé favorable, selon lequel les Blancs chrétiens nord-américains auraient une « bonne éthique de travail ». Pour raconter la manière dont on s'installe en Floride pendant les années 1970 et 1980, Dupont cite l'exemple d'un fonctionnaire et d'une infirmière dans la trentaine, propriétaires d'un domicile à Québec et ayant un enfant en bas âge. Après un séjour chez un oncle qui gère un motel près de Surfside, ils vendent leur maison et lui rachètent son entreprise. Pourtant, Denis ne parle pas l'anglais et Lucie se débrouille tout juste[37]. Ils s'ennuient parfois, mais apprécient les visites que leur rend la parenté pendant les mois d'hiver et ils sont entourés par des compatriotes sur place. Selon une enquête des journalistes Robert Chodos et Eric Hamovitch sur le succès des motels québécois en Floride, il repose majoritairement sur la fréquentation d'une clientèle canadienne-française[38].

---

[35] Louis Dupont, *op. cit.*, p. 29.

[36] Jon Nordheimer, «Canadians Who Find a Winter Haven in Florida Bring Separatism Along», *The New York Times*, 8 avril 1987 [en ligne] : http://www.nytimes.com/1987/04/08/us/canadians-who-find-a-winter-haven-in-florida-bring-separatism-along.html, consulté le 10 juillet 2015.

[37] Louis Dupont, *op. cit.*, p. 25-27.

[38] Robert Chodos et Eric Hamovitch, *op. cit.*, p. 218.

Les immigrants ne travaillent pas tous dans l'industrie touristique ; certains optent pour un emploi dans des secteurs de l'économie tertiaire ou dans de petites manufactures, dont Dixie Plumbing et Hollywood Woodwork, qui embauchent « plusieurs employés québécois[39] ». D'autres fondent ou achètent une petite entreprise (motel, magasin de souvenirs, dépanneur, buanderie, relais d'essence, garage, restaurant) dont la main-d'œuvre se compose de proches et la clientèle consiste en touristes canadiens-français. Dans certains cas, les nouveaux propriétaires voient la buanderie ou le dépanneur comme un tremplin vers une intégration au marché local – et la promesse d'une revente rapide et l'achat d'un second commerce, plus adapté à leurs intérêts. Certains commerces sur la plage passent d'un entrepreneur québécois nouvellement installé à un autre. Cependant, dès 1980, comme la somme requise pour se lancer en affaires atteint 40 000 $ et que la résidence permanente aux États-Unis se complique en raison des changements aux lois d'immigration, le rythme d'installation des Canadiens français en Floride décélère.

Sur place, des réseaux de professionnels se tissent parmi les agents immobiliers, les agents d'assurance, les avocats, les comptables et les médecins. Si les conditions de travail changent peu pour les quatre premiers groupes, les médecins, qui majorent souvent leurs salaires d'au moins 50 % en se relocalisant, sont particulièrement avantagés[40]. La clinique médicale STAT, à Miami, est dirigée par et dessert principalement des gens venus de la Belle province. Elle s'évertue d'ailleurs à faciliter le remboursement (processus parfois complexe) pour des soins prodigués aux patients détenteurs d'une assurance-maladie provinciale au Canada. Une majorité – parfois jusqu'à 90 % – des clients des agents immobiliers, des assureurs et des avocats sont québécois, même après plusieurs années de pratique. En revanche, si les infirmières et les médecins généralistes côtoient souvent des collègues compatriotes, les médecins spécialisés tendent davantage à œuvrer dans des cabinets

---

[39] Louis Dupont et Marie Dussault, *op. cit.*, p. 16-17.
[40] *Ibid.*, p. 18 ; Louis Dupont, *op. cit.*, p. 30.

américains[41]. Une nuance s'impose aussi chez les avocats québécois, qui doivent étudier les lois locales et apprendre la common law en matière civile avant d'accéder au Barreau de la Floride. Et à l'inverse du secteur hospitalier, un patronyme à consonance canadienne-française n'inspire pas une confiance instantanée chez les compatriotes, qui tendent à privilégier les avocats ayant la meilleure réputation dans leur domaine.

Une quinzaine d'années plus tard, au terme d'une enquête menée auprès de 25 propriétaires de commerces canadiens-français, Rémy Tremblay dresse des constats similaires[42]. Le commerce familial nécessite une attention jour et nuit, tandis que le temps de repos à la plage, tant souhaité avant le déménagement, s'avère un rare luxe. On fuit toujours l'hiver et on cherche une fiscalité plus permissive. La présence d'autres immigrants et la visite fréquente de la parenté remédie à l'ennui. Pour « Maurice », les motifs climatiques, économiques et culturels de l'immigration trouvent en Floride une réponse limpide : « C'est la maudite paix ici. Les chars sont pas chers puis tu peux les garder longtemps ; le linge est pas cher non plus. […] Je vois ma famille en masse. On se voit, ils viennent ici puis je ne me sens pas tout seul[43]. »

Tremblay établit une distinction entre les commerçants actifs au cœur de l'enclave de Hollywood, les plus aptes à faire affaire et à commercer avec d'autres Québécois, et ceux installés en périphérie, à Deerfield Beach ou à Fort Lauderdale, et qui entretiennent peu de liens avec le foyer « floribécois[44] ». Dans les années 1980 et 1990, les commerces du quartier de « Floribec » à Hollywood continuent à attirer davantage (70 %) de clients québécois que ceux à Fort Lauderdale et Sunny Isles (50 %), et bien plus encore que ceux de Deerfield Beach ou de Pompano Beach, où plus de 80 % des clients ne sont pas francophones. Comme autrefois, plusieurs commerces ferment l'été, preuve de l'importance du tourisme et de leur succès relatif pendant l'hiver.

---

[41] Louis Dupont, *op. cit.*, p. 33 ; Louis Dupont et Marie Dussault, *op. cit.*, p. 19.
[42] Rémy Tremblay, *op. cit.*, p. 67-77.
[43] Maurice, dans *ibid.*, p. 104.
[44] Rémy Tremblay, *op. cit.*, p. 80-84.

Les faiblesses institutionnelles des contingents d'immigrants

Si le succès économique de plusieurs commerçants québécois dépend de clientèles immigrantes, hivernantes et touristiques, rappelons que l'engouement des émigrants canadiens-français pour la culture américaine leur a permis une installation relativement paisible en Floride. Leur «intention», dirait Joseph Yvon Thériault, a davantage ressemblé à celle d'une communauté ethnique désireuse de s'intégrer au milieu d'accueil et de maintenir une sociabilité entre migrants de même origine, qu'à celle d'une communauté à caractère national, voire nationalitaire, qui chercherait à reproduire sa société, ses valeurs d'origine, sa langue, sa culture ou sa religion. Il serait excessif d'affirmer que les immigrants canadiens-français n'ont pas souhaité préserver des éléments de leur culture ; après tout, la diversité des associations et la concentration des commerces témoigne d'une volonté de rassemblement. Le sociologue Raymond Breton rappelle toutefois le paradoxe des associations ethniques qui, en travaillant à l'épanouissement et à l'autonomie du groupe minoritaire, finissent parfois par accélérer son intégration à la société majoritaire[45]. Même si la présence de touristes et d'hivernants en Floride est impressionnante, la péninsule ne bénéficie pas d'un flux constant d'immigration, semblable à celui qu'a connu la Nouvelle-Angleterre. La capacité des immigrants à y ériger des institutions collectives pérennes s'en trouve donc limitée et les porte à s'en tenir à la préservation – et non pas à la reproduction – de leur culture.

Les fondateurs de l'enclave franco-américaine du sud-est ont probablement laissé des traces dans les quotidiens de langue anglaise et les archives paroissiales catholiques de la région, mais comme le rappelle notre étude systématique du *Everglades News* (1924-1927), elles pourraient être éparses. Le premier véritable journal floridien de langue française est lancé en 1955, grâce aux efforts de quelques résidents franco-américains dévoués. Pendant

---

[45] Raymond Breton, «Institutional Completeness of Ethnic Communities and the Personal Relations of Immigrants», *American Journal of Sociology*, vol. 70, n° 2, septembre 1964, p. 193-205; Raymond Breton, «L'intégration des francophones hors Québec dans des communautés de langue française», *Revue de l'Université d'Ottawa*, vol. 55. n° 2, 1985, p. 77-98.

trois ans, l'hebdomadaire *La Floride française* transmet des nouvelles locales. Il comporte aussi plusieurs annonces de commerçants de la Nouvelle-Angleterre, ce qui laisse supposer que les
rédacteurs du journal et plusieurs de ses lecteurs sont des transfuges récents[46]. D'autres journaux de langue française auront une
existence éphémère. Ainsi, le *Journal de la Floride* publie une série
de numéros au tournant des années 1980, puis disparaît à une date
qui nous est inconnue. Seul le *Soleil de la Floride*, établi à
Hollywood en 1983, connaîtra la pérennité[47]. Ces journaux s'en
tiennent souvent aux nouvelles qui concernent directement les
immigrants, soit le marché immobilier, le droit de l'immigration,
les règlements municipaux et étatiques ; ils n'offrent pas un regard
local sur l'ensemble de l'actualité, comme le ferait un quotidien
d'une société minoritaire. Si ces journaux rapportent à l'occasion
des nouvelles locales et culturelles, Rémy Tremblay qualifie leur
contenu de « banal et inutile[48] » au chercheur. D'autres journaux
qui verront le jour au tournant du millénaire, dont *Le Francophone
international* et le *Palm Beach en français*, ne dérogeront pas de la
tradition établie.

On peut aussi percevoir, au tournant des années 1980, la présence canadienne-française sur les ondes. La station WAVS de Fort
Lauderdale émet quotidiennement, à midi, des bulletins de nouvelles acheminés par téléphone du Département de communication de l'Université Laval. WAVS diffuse également, pendant une
heure et demie les samedis et les dimanches, une émission en français comprenant éditorial, ligne ouverte, musique et publicités[49].
Une station d'Hollywood émet aussi un contenu semblable pour
ses auditeurs québécois et une chaîne de câblodistribution diffuse
des émissions québécoises pendant un créneau intitulé « Bonjour
USA ». Cette présence médiatique s'estompe toutefois dès que les
résidents temporaires et les touristes parviennent à capter, par

---

[46] Godefroy Desrosiers-Lauzon, *op. cit.*, p. 175.
[47] *Le Soleil de la Floride* [en ligne] : http://www.lesoleildelafloride.com/ ; *Palm Beach en
français* [en ligne] : http://www.palmbeachenfrancais.com/, consultés le 10 juillet 2015 ; Rémy
Tremblay, *op. cit.*, p. 50.
[48] Rémy Tremblay, *op. cit.*, p. 20.
[49] Louis Dupont et Marie Dussault, *op. cit.*, p. 21 ; Rémy Tremblay, *op. cit.*, p. 50.

ondes satellitaires, les postes télévisuels de Radio-Canada et de Télé-Métropole. Dès que les premières antennes paraboliques des années 1980 sont remplacées par celles, plus petites, des années 1990, des bricoleurs n'hésitent pas à importer leur «secoupe» du Canada et à en ajuster l'angle afin de capter leurs ondes préférées du Nord. Puisqu'il est désormais possible d'importer la radio et la télévision québécoises, l'intérêt de créer un contenu adapté et imaginé à partir d'une communauté locale semble fléchir.

La faiblesse des médias canadiens-français locaux est peut-être attribuable au désintérêt, tant des immigrants que des touristes et hivernants, de les consommer assidûment. Les immigrants semblent peu motivés à mettre sur pied des institutions pouvant répondre à des besoins et à des aspirations qui, dans la durée, demeureraient distincts de ceux de la majorité. Si, depuis les années 1960, les 60 000 et plus immigrants canadiens-français concentrés dans le sud-est (sans compter les autres francophones) ont la masse critique pour faire fonctionner une paroisse et une école de langue française, ils ne le font pas. Il faut dire que le clergé ne se rue pas vers cette destination, un reflet, sans doute, de l'effondrement à l'époque des vocations au sein de l'Église et de son retrait des domaines de la santé et de l'éducation. Quant à l'élite professionnelle, qui a historiquement prêté main-forte à la fondation d'institutions nationales au Canada français, elle semble se satisfaire, en Floride, de la tenue d'activités commerciales et culturelles en français. On ne semble pas enclin à mettre en place des institutions qui transmettraient et renouvelleraient la culture canadienne-française parmi les descendants des migrants. «Le caractère individuel et prudent des hommes d'affaires», écrivent à cet effet Dupont et Dussault à l'automne 1982, «encourage la fragmentation de cette collectivité, qui s'inquiète peu ou pas de sa continuité culturelle[50]».

L'expérience du mouvement Richelieu en Floride est révélatrice. Le Richelieu, qui avait déjà des cercles du Manitoba à la Nouvelle-Écosse et du Saguenay au Rhode Island, a tenté de fonder, en

---

[50] Louis Dupont et Marie Dussault, *op. cit.*, p. 17.

février 1957, un premier club en Floride[51]. L'administrateur du Richelieu, Normand Grimard, a mis fin à ces efforts lors d'une visite chez ses parents à leur résidence d'hiver à North Miami[52]. Le rédacteur de *La Floride française*, Edmond Goulet, lui a souligné la faible cohésion sociale des Canadiens français et la rareté de leurs contacts avec les expatriés français[53]. Grimard a recommandé au Richelieu d'attendre l'émergence d'une société francophone, aux origines ethniques diverses et disposant d'institutions locales pouvant assurer sa pérennité, avant d'y établir un club. Même si le mouvement fondera éventuellement des clubs floridiens, le constat restera le même : les Canadiens français ne manifestent pas l'intention de former une société minoritaire plurielle ayant la capacité de se renouveler de manière autonome.

La création du premier club canadien-anglais en Floride date de 1913, et celle du premier club canadien-français, réunissant des pèlerins de Sainte-Anne-des-Lacs, remonte aux années 1920. Après la Guerre, un club plus laïc émerge à Surfside et réunit 300 membres[54]. Parfois, des transfuges récents se joignent à un club dans le but de rencontrer des gens ; d'autres fois, les organismes naissent de la volonté d'étrangers, qui se reconnaissent après s'être entendu parler français ou avoir reconnu l'accent canadien dans l'espace public. À la fin des années 1960, Léo Pitt, menuisier et musicien amateur de la Beauce, invite périodiquement amis et proches chez lui « pour se recréer et pour échanger[55] » les weekends. Dès 1971, les rencontres attirent régulièrement une centaine de participants, ce qui amène Pitt à louer une salle pour ses rassemblements, puis en août 1973, à

[51] Serge Dupuis, « Le passage du Canada français à la Francophonie mondiale : mutations nationales, démocratisation et altruisme au mouvement Richelieu, 1944-1995 », thèse de doctorat (histoire), Waterloo, University of Waterloo, 2013, p. 74, 153-154.

[52] Lettre de Normand Grimard à Adolphe Robert, 28 février 1957, dans Archives privées du Club Richelieu de Manchester, Manchester (New Hampshire), vol. « Procès-verbaux et correspondance 1957 » ; « Procès-verbal de la vingt-sixième assemblée régulière du Conseil d'administration de la Société Richelieu », 23 janvier 1958, p. 2, dans Centre de recherche en civilisation canadienne-française (CRCCF), Ottawa (Ontario), Fonds C76, vol. 1, dossier 5.

[53] « Procès-verbal de la dix-neuvième assemblée régulière du Conseil d'administration de la Société Richelieu », 24 octobre 1957, dans CRCCF, Fonds C76, vol. 1, dossier 6.

[54] Godefroy Desrosiers-Lauzon, *op. cit.*, p. 181, 187 ; Pierre Paquette, *op. cit.*, 4 avril 1967.

[55] Thérèse St-Amour (dir.), *Récits de la Floride*, Delray Beach, The Printing Office, 2006, p. 75.

constituer une organisation, qu'il nomme le Club canadien-français d'Amérique (CCFA)[56]. Le club, dès sa fondation, vise à assurer tant la sociabilité de ses membres que leur intégration au marché du travail américain. Si l'on souhaite «réunir [...] les familles canadiennes[57]» à Lake Worth, les règlements administratifs du CCFA stipulent (en anglais) que le club tient à cœur les «*interests and good will of French Canadian residents, their friends and French Canadian visitors in the State of Florida.*[58]». À cet effet, le CCFA leur fournit des «*management, consulting and advisory services*[59]». Cette mission diffuse explique peut-être pourquoi l'énergie des dirigeants de l'organisme se dissipe au bout de quelques années. Malgré la tenue d'assemblées générales et l'existence d'un conseil d'administration, la charte de l'organisme est révoquée en 1977 après qu'il ait oublié de remettre un rapport annuel[60]. L'organisme changera d'ailleurs de présidence à sept reprises en neuf ans.

Malgré ses défis, le CCFA continue de tenir des soirées dansantes, les samedis, aux airs traditionnels du violon pour

Une publicité pour une soirée dansante au Club canadien-français d'Amérique, ca. 1978, Archives privées de Simone et Roland Doyon, Palm Springs (Floride).

---

[56] Nicole Bureau, *op. cit.*, 9 janvier 2008; *ibid.*, p. 79.

[57] Entrevue avec Simone Doyon, Palm Springs (Floride), 8 janvier 2009.

[58] Extrait de «Certificate of Incorporation of Club Canadien-Français D'Amerique Incorporated NP 27325», 30 août 1973, dans Florida Department of State Archives, Tallahassee (Floride).

[59] *Ibid.*

[60] «Club Canadien-Français D'Amerique Inc.», Florida Division of Coroporations, Florida Department of State [en ligne]: http://search.sunbiz.org/Inquiry/CorporationSearch/ SearchResultDetail?inquirytype=EntityName&directionType=Initial&searchNameOrder=C LUBCANADIENFRANCAISDAMERIQUEI%207273250&aggregateId=domnp-727325- -cf3886b5-ed45-4fdb-b9a0-ce7fd138f10e&searchTerm=club%20canadien-francais%20d'a merique&listNameOrder=CLUBCANADIENFRANCAISDAMERIQUEI%207273250, consulté le 10 juillet 2015; Thérèse St-Amour, *op. cit.*, p. 3-8, 74-75.

une clientèle composée à moitié de résidents de la Floride et à moitié de visiteurs et d'hivernants de l'Ontario, du Québec, du Nouveau-Brunswick et de la Nouvelle-Angleterre. Le fait que 16 % des participants, lors d'une soirée en novembre 1976, n'ont pas un patronyme canadien-français souligne la volonté de l'organisme de tisser des liens avec des gens à l'extérieur de l'enclave canadienne-française[61]. La présence, dans les photographies de l'époque, de la bannière étoilée des USA aux côtés de l'unifolié canadien signale aussi une volonté d'adopter les valeurs américaines. On entonne d'ailleurs les hymnes nationaux du Canada et des États-Unis lors de certaines activités; on prend même le temps, le 4 juillet 1976, de célébrer le bicentenaire du début de la Révolution américaine[62]. À cette occasion, seulement 43 % des participants ont un patronyme canadien-français. En revanche, les piqueniques communautaires semblent être réservés aux familles canadiennes-françaises[63]. À titre de président du CCFA en 1976-1977, Conrad Roy estime que les organismes canadiens-français ont intérêt à employer l'anglais avant le français, s'ils sont sincères dans leur volonté de tendre la main aux Américains[64]. Cette idée, qui ne plaît pas aux résidents temporaires, fait perdre à Roy la présidence. Vers 1980, comme nous le verrons, les résidents temporaires se préparent à prendre les rênes de certaines de ces organisations...

Les immigrants canadiens-français de Lake Worth ne sont pas les seuls à promouvoir une adhésion aux idéaux américains. Le 1er juillet 1980, le *Miami News* rapporte la tenue d'une célébration de la fête du Canada sur la plage de Surfside. Maurice Langelier, copropriétaire du Canadian Motel, et l'oculiste Claude Beaulne en

---

[61] «Première danse d'automne», novembre 1976, p. 1; «St-Valentin 1976» [février 1976], p. 1, dans Archives privées du Club canadien-français de Lake Worth (APCCFLW), Lake Worth (Floride).

[62] «Musique, chants et danses interprétées par les Canadiens à West Palm Beach, Florida», 3 avril 1976, p. 1; «United Nation» [3 avril 1976], p. 1, dans APCCFLW; Conrad Roy, *op. cit.*, 8 janvier 2008.

[63] Nancy Figel, «Simone Doyon Displays Some of her French Canadian Craft Work», *The Palm Beach Times*, 12 décembre 1978, dans Historical Society of Palm Beach County Archives (HSPBCA), West Palm Beach (Floride), Fonds «Populations», vol. «Canadians in Florida».

[64] Conrad Roy, *op. cit.*, 8 janvier 2008.

sont les organisateurs[65]. L'une des participantes, Suzanne Cofsky, déclare au journal que la fête du Canada à Miami n'est rien de plus qu'un prélude aux festivités du 4 juillet. Représentation problématique, et c'est le moins qu'on puisse dire, tout comme celle de l'agent de voyage Jacques La Roche, qui confie au même journal son interprétation de l'histoire canadienne : « *We were never at war. We have nothing to be independent of. It is the holiday of Canada celebrating the confederation of the provinces*[66]. »

Par moments maladroites, ces volontés d'arrimer l'identité canadienne au rêve américain ne font pas l'unanimité. Certains immigrants canadiens-français, qui tiennent davantage à leur identité, fondent le premier club Richelieu en Floride en 1979. Ses 35 membres fondateurs – des commerçants et des professionnels établis en permanence dans le sud-est –, accueillent souvent à leur table des membres Richelieu du Nord qui hivernent ou passent des vacances dans la région[67]. Jean Laurac et Denyse Chartrand, fondateurs du *Soleil de la Floride*, souhaitent que le club rehausse l'impression générale qu'entretiennent les Floridiens à l'endroit des Canadiens français. On espère aussi faire contrepoids aux clubs Optimist, Kiwanis et Lions locaux en constituant un espace autonome de langue française. Réjean Lapierre, propriétaire de motel et gérant d'une première succursale des restaurants Saint-Hubert en Floride, contribue également à la fondation du club. À un journal torontois, il partage toutefois un point de vue assez ambigu : « *We had always wanted to come here for the weather, but what pushed us to come was the politics of Quebec*[68]. » S'oppose-t-il donc à l'indépendance du Québec ou plus simplement à la lourdeur du régime fiscal qui y règne ? On n'en a pas la moindre idée…

Les rassemblements québécois en Floride n'abordent que très rarement ces questions. En fait, les piqueniques du Richelieu – tout comme les soirées dansantes –, qui rassemblent quelques

---

[65] Kathy McCarthy, «Beach Canadians Party U.S.-style», *The Miami News*, 1er juillet 1980, p. [A1].

[66] Jacques La Roche, dans Kathy McCarthy, *op. cit.*, p. [A1].

[67] Entrevue avec Sylvain Frétigny et Denise Lefebvre, Hollywood (Floride), 29 mars 2013 ; Louis Dupont et Marie Dussault, *op. cit.*, p. 21 ; Serge Dupuis, *op. cit.*, p. 153.

[68] Réjean Lapierre, dans Godefroy Desrosiers-Lauzon, *op. cit.*, p. 195.

centaines de personnes l'hiver, constituent une occasion utile pour organiser des collectes de fonds destinées à financer le transport local d'enfants handicapés vers un établissement scolaire adapté, à acheter des livres en français pour les jeunes et à distribuer des paniers de Noël aux familles nécessiteuses[69]. Ces contributions servent d'abord les besoins de la « colonie » québécoise, mais aussi ceux de la communauté en général – une démarche qui peut sembler diffuse, à première vue. Quatre autres clubs Richelieu voient le jour de 1984 à 2002, à Fort Lauderdale, à Miami et à North Miami. Le mouvement canadien-français y constitue même un conseil régional en 1986[70]. Devant cette effervescence, le ministère des Affaires extérieures du Canada presse le Richelieu d'y former d'autres clubs pour affermir la collaboration canado-américaine ; le délégué Grégoire Pagé hésite à poursuivre ces efforts, la vitalité de certains clubs, à son avis, reposant trop sur la participation d'hivernants et de touristes plutôt que sur celle des résidents permanents. En dépit de ses doutes, Pagé espère que ces clubs deviendront une plaque tournante pour le rapprochement entre Canadiens français, Français et Haïtiens de la région, ce qui contribuerait à l'émergence et à la pérennité d'une collectivité locale francophone et plurielle.

Malgré la rareté des institutions fondées par et pour les immigrants canadiens-français, il est important de noter le nombre impressionnant de résidents permanents canadiens-français et de personnes parlant le français à la maison dans le sud-est. À compter de 1990, les recensements nominaux des États-Unis tiennent compte de la langue parlée au foyer : on dénote 195 000 résidents permanents, toutes origines confondues, qui parlent le français ou le créole français au foyer ; la ville de Miami à elle seule en comprend 25 627[71]. Ce nombre dépasse de loin celui des autres villes des comtés de Broward, de Dade et de Palm Beach, même si l'on

---

[69] Sylvain Frétigny et Denise Lefebvre, *op. cit.*, 29 mars 2013.

[70] Serge Dupuis, *op. cit.*, p. 153-154, 305-306.

[71] Nous ignorons quelle proportion de Canadiens français sont inclus dans ce nombre. Nous présumons ici que la statistique comprend des créolophones, puisque le nombre de gens parlant français à la maison en 2013 sera de 112 000, tandis que le nombre de créolophones sera de 357 000.

note d'autres concentrations importantes à Fort Lauderdale (10 613), North Miami (7270), Pompano Beach Highlands (4710), Pinewood (3752), Hollywood (3138), Golden Glades (2888), North Miami Beach (2791), West Palm Beach (2429), West Little River (2149), Miami Beach (1989), Lauderdale Lakes (1679), Lauderhill (1674), Lake Worth (1649), Norland (1591) et Oakland Park (1111)[72]. L'ensemble des villes et villages situés entre Miami et West Palm Beach comptent près de 100 000 résidents permanents ou Américains naturalisés parlant le français à la maison. Si les Canadiens français sont majoritaires parmi les francophones du comté de Broward, ce sont les francophones européens et antillais qui marquent la francophonie dans le comté de Dade. Des concentrations de personnes parlant français à la maison sont également notables dans quelques villes d'importance du centre et du nord, dont Jacksonville (4161), Orlando (2267), St. Petersburg (2259) et Tampa (2215).

Il se peut fort bien que la présence croissante du français, et celle d'autres langues latines, dont l'espagnol surtout, ait suffisamment irrité les Floridiens anglophones pour que certains demandent la reconnaissance de l'anglais comme langue officielle. L'arrivée en mai 1980 de 124 000 réfugiés du port de Mariel (Cuba), parmi lesquels se trouvent plusieurs prisonniers, entraîne une crise du logement, une hausse de la criminalité, mais aussi la multiplication des commerces cubains, dont le nombre quintuple entre 1977 et 1987[73]. Ce flux massif pousse le conseil du comté de Dade à statuer que l'anglais sera la langue des affaires à l'intérieur de ses frontières. En février 1982, des représentants républicains déposent un projet de loi à Tallahassee pour faire de l'anglais la langue officielle de l'État. Le projet demande que l'État, les écoles, les municipalités et les associations professionnelles publient leurs documents uniquement en anglais et abandonnent les programmes d'actualisation linguistique auprès des nouveaux arrivants.

---

[72] «Table 167. Nativity, Citizenship, Year of Entry, Area of Birth, and Language Spoken at Home: 1990», dans *1990 CP-2-11*, *op. cit.*, p. 681-694.

[73] Gary Mormino, *op. cit.*, p. 249, 284-289.

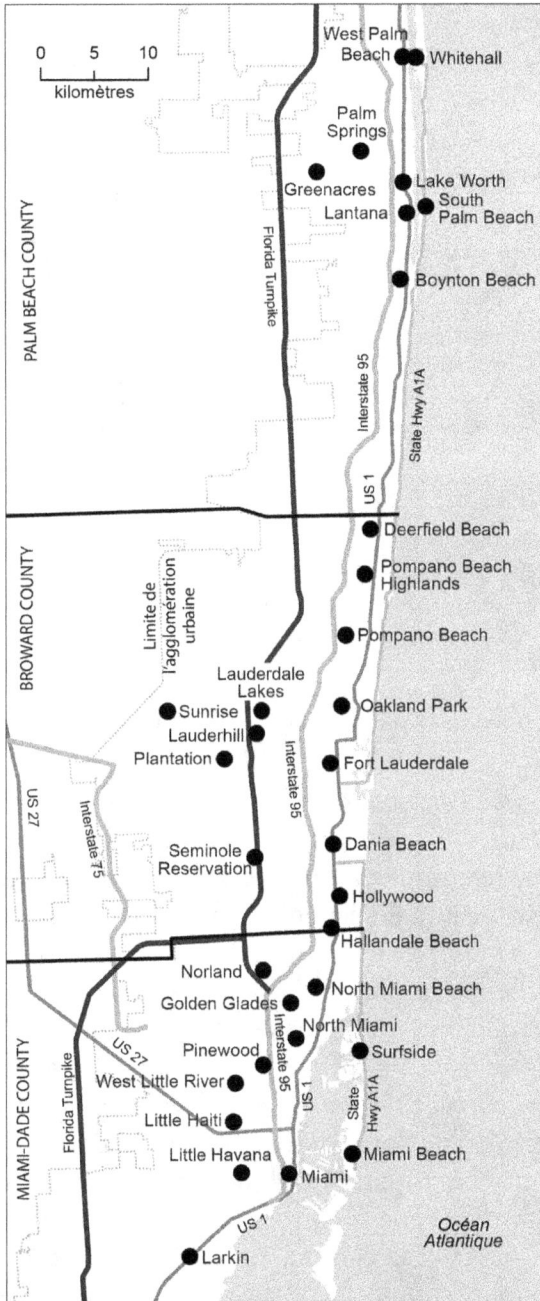

Philippe Desaulniers, Carte de localités comportant des concentrations importantes de francophones dans les comtés de Palm Beach, Broward et Miami-Dade, CIÉQ, Université Laval, 31 août 2015.

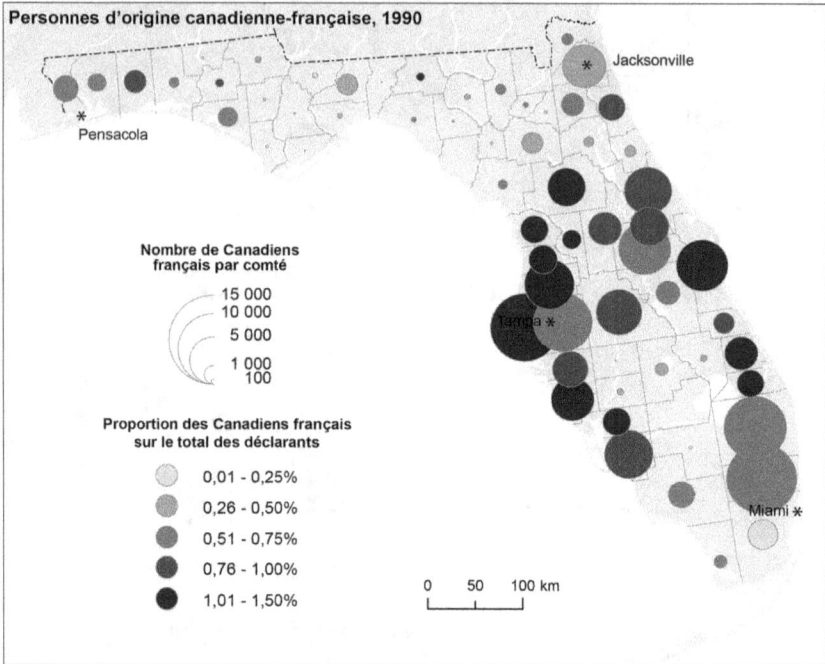

Philippe Desaulniers, Proportion et nombre de résidents canadiens-français
en Floride selon les données du U.S. Census Bureau (1990),
CIÉQ, Université Laval, 31 août 2015.

Le *Palm Beach Post* qualifie le projet de loi de « *a stinging rebuke to the state's Hispanic community and French-Canadian visitors and investors* », une remarque qui illustre bien la légitimité que certains Floridiens attribuent à l'espagnol et au français. Si ce projet devait devenir loi, s'inquiète le *Post*, il pourrait aboutir au résultat contraire de l'effet escompté, en limitant les occasions pour les immigrants d'améliorer leur anglais. De poursuivre : « *Florida has endured for more than 400 years under Spanish, French, English and American flags without the need of an official language*[74]. » En fin de compte, le projet de loi n'obtient pas la majorité requise à la Chambre pour être adopté. Quelques années plus tard, un autre éditorialiste du *Post* étale la complexité du rapport des Canadiens français à la langue et la culture, et suggère l'adoption d'une voie d'intégration plus souple, mais aussi plus durable des relations

---

[74] Extrait de «An "Official" Insult», *The Palm Beach Post*, 15 février 1982, p. [A12].

canado-américaines[75]. « *Canadians admire much of what they see to the south and want to emulate it.* [...] *At the same time however, they want to remain Canadians.* »

Les réponses modérées prennent le dessus sur l'intolérance, sans doute parce que l'on souhaite continuer d'attirer les touristes sur lesquels dépend l'économie, mais aussi favoriser une intégration rapide des résidents permanents à la société américaine. Si un nombre important de résidents qui parlent le français à la maison se concentre dans le sud-est en 1990, seulement 23 % des résidents d'origine canadienne-française – à comparer à 47 % en 1940 – habitent dans les comtés de Broward, Dade et Palm Beach. Se révèle ainsi la dispersion progressive, après leur installation initiale, des immigrants canadiens-français[76]. Il se peut en outre que certains Cadiens et Franco-Américains aient indiqué aux recenseurs des origines « françaises », sans mentionner le passage de leurs ancêtres au Canada, comme certains Franco-Américains le faisaient en Nouvelle-Angleterre[77]. Si l'on compte l'ensemble des personnes d'origine acadienne, belge, canadienne-française et française, on constate que 5 % des résidents floridiens ont des origines françaises en 1990, une proportion non négligeable lorsqu'on considère la grande visibilité accordée à la population hispanique, qui ne représente que 12 % des Floridiens[78].

---

[75] Bill McGoun, «Canada Fighting to Maintain Identity», *The Palm Beach Post*, 29 septembre 1987, p. E1.

[76] «1940 + Whites Born in French Canada + Florida + County-Level Data», Historical Census Browser, University of Virginia Library [en ligne] : http://mapserver.lib.virginia.edu/php/start.php?year=V1940, consulté le 10 juillet 2015.

[77] Damien-Claude Bélanger, «Lionel Groulx and Franco-America», *American Review of Canadian Studies*, vol. 33, n° 3, automne 2003, p. 373-389.

[78] Gary Mormino, *op. cit.*, p. 295.

Tableau 3.1 : Origines des résidents francophones
en Floride (1990)[79]

	Floride	Broward	Dade	Palm Beach
Acadienne	12 114	683	532	626
Belge	14 828	1633	984	1312
Canadienne	44 652	6972	3689	3441
Canadienne-française	110 221	12 277	5727	7809
Française	508 205	42 621	29 404	33 076
Haïtienne	105 495	23 221	57 928	12 218

Les similitudes entre les populations francophone et hispano-phone ont toutefois leurs limites. Si les résidents de langue française en Floride proviennent principalement de la France et du Québec – des sociétés riches et développées –, les résidents de langue espagnole proviennent principalement de l'Amérique latine, des sociétés du second monde toutes confrontées, à des degrés variés, à d'importants problèmes de pauvreté. Vu son teint pâle, sa culture occidentale, sa religion chrétienne et sa connaissance de l'anglais, le Canadien français moyen éprouve probablement moins de défis que l'immigrant moyen à se tailler une place. Certains semblent même oublier qu'ils sont eux-mêmes immigrants. Lorsqu'il investit dans le marché immobilier dans le comté de Palm Beach, Maurice Ouellette, de Sudbury (Ontario), n'aura que des éloges pour ses locataires d'origine maya du Guatemala[80]. D'autres cependant ne mâcheront pas leurs mots à l'endroit des migrants cubains, débarqués dans le sud-est en deux vagues, soit après le coup d'État de Fidel Castro et pendant l'exode des

---

[79] « Table 18. Nativity, Citizenship, Year of Entry, Area of Birth, and Language Spoken at Home: 1990 », « Table 31. Ancestry: 1990 », « Table 137. Ancestry: 1990 », dans *1990 CP-2-11*, *op. cit.*, p. 116, 129, 253-254, 258-259.

[80] Entrevue avec Maurice Ouellette, Palm Springs (Floride), 7 janvier 2008.

Marielitos. Une immigrante canadienne-française, après avoir établi un commerce à Miami en 1959, estimera que son quartier a été « envahi » par des anti-castristes, qui s'en seraient accaparé et l'auraient contrainte à déménager plus au nord. « Les Cubains, parlem'en pas », fustigera-t-elle en entrevue, « je les déteste assez pour m'en confesser[81]. » Un autre immigrant canadien-français conseille plutôt à ses compatriotes de « barrer leurs portes[82] » après l'arrivée des Marielitos. Les perspectives de ces deux migrants, loin de faire consensus, véhiculent cependant le contraste idéalisé entre le caractère pacifique qu'aurait eu la Floride au moment de leur arrivée et la période contemporaine, davantage marquée par les tensions raciales et sociales.

On peut douter de l'exactitude de ces impressions, mais ces craintes en matière de sécurité font écho à ce qu'observe Rémy Tremblay chez une majorité des résidents permanents québécois. Selon lui, certains entretiennent ces impressions par racisme et blâment les individus d'un certain groupe ethnique, tandis que d'autres constatent tout simplement que la Floride a un taux de criminalité plus élevé que l'Ontario ou le Québec, par exemple[83]. Chose certaine, les immigrants canadiens-français ont beau afficher une volonté de s'intégrer à la société américaine, ils expriment peu de solidarité avec les immigrants de statut socioéconomique inférieur. Et une majorité d'entre eux peuvent se targuer d'avoir maintenu la citoyenneté canadienne, de continuer à se nourrir de médias québécois et de vouloir être inhumés au Canada.

En 1990, les Canadiens habitant les États-Unis sont les résidents permanents les moins enclins à demander la citoyenneté américaine (11 %), après les Britanniques[84]. C'est peut-être paradoxalement, car ils occupent une résidence permanente, vivent l'essentiel de leur vie aux États-Unis et mettent au monde des Américains.

Ils se trouvent chez eux en Floride, sans l'être tout à fait.

---

[81] Entrevue confidentielle 1, janvier 2008.
[82] Entrevue confidentielle 2, janvier 2008.
[83] Rémy Tremblay, *op. cit.*, p. 105, 109.
[84] Robert Barde *et al.*, *op. cit.*, p. I-647.

CHAPITRE QUATRE
LES HIVERNANTS

Un gars que tu ne connais pas chez nous
Tu ne le saluerais pas
Mais ici, si tu sais qu'il parle français ou qu'il est « canadien »
Tu vas t'arrêter
Tu as besoin des gens de chez toi
Pour passer au travers de l'hiver.
Du Québec, de l'Ontario et des Maritimes
Ce sont tous des gens de chez nous.

Roger Groulx, entrevue à Greenacres, 12 janvier 2008.

Si les immigrants canadiens-français font preuve d'une « volonté » collective assez timide, on ne peut qu'être frappé par la manière dont les « hivernants » se distinguent d'eux. Depuis les années 1960, ce quatrième groupe a progressivement fait sentir sa présence en Floride. À mi-chemin entre le touriste et l'immigrant, l'hivernant séjourne en Floride d'un à six mois par année et demeure donc un « résident temporaire », même s'il se procure une résidence, établit des institutions et adopte une routine semi-permanente[1]. Autre distinction : l'hivernant est souvent un retraité. Avec l'avènement des pensions de vieillesse et l'allongement de

---

[1] Godefroy Desrosiers-Lauzon, *Florida's Snowbirds: Spectacle, Mobility, and Community Since 1945*, Montréal / Kingston, McGill-Queen's University Press, 2011, p. 89.

l'espérance de vie, ce groupe prend de plus en plus d'importance. Enfin, les conditions de son installation, la diversité associative, ainsi que son rapport au Canada français en font aussi un groupe bien particulier.

L'émergence et l'arrivée des hivernants

En mars 1929, le *Palm Beach Post* signale qu'une « colonie de Canadiens » passe l'hiver dans la région, sans en préciser l'ampleur[2]. À compter de 1945, la Floride devient plus accessible au plan économique en raison de l'augmentation du revenu disponible et de l'expansion des congés payés, ce qui a pour effet de démocratiser les vacances dans le sud. Presque tous les hivernants ont été touristes avant de devenir hivernants. Et l'institutionnalisation des pensions de vieillesse permet aux personnes d'âge mûr non seulement de prolonger leurs vacances en Floride, mais d'en faire un pèlerinage pluriannuel. En 1951, le gouvernement fédéral de Louis Saint-Laurent fixe à 70 ans le retrait obligatoire du travail rémunéré au Canada, obligation qui passera à 65 ans en 1954. Dans le but de libérer des emplois et de soutenir la consommation des gens du troisième âge, on inaugure en parallèle un régime de « pension du Canada » pour l'ensemble des citoyens âgés. Cette mesure transforme les aînés en « retraités », qui deviendront à la longue un groupe statistiquement significatif[3].

Tandis que les immigrants ont choisi la Floride dans l'espoir d'améliorer leur sort économique et que les touristes la fréquentent parce que les vacances y sont peu coûteuses, les hivernants souhaitent surtout se mettre à l'abri du froid canadien. Peut-être ne voient-ils pas l'intérêt d'y emménager en permanence et de perdre ainsi leurs avantages sociaux canadiens? Si certains Américains optent pour la vie nomade en motorisé sur les routes du continent, les Canadiens du troisième âge se montrent plus frileux à l'idée d'abandonner leur port d'attache. À partir de 1966, l'accès au

---

[2] « Canadian Colony Increases In Palm Beach This Season », *The Palm Beach Times*, 5 mars 1929, dans HSPBC, Fonds « Populations », vol. « Canadians in Florida ».

[3] Paul-André Linteau, René Durocher, Jean-Claude Robert et François Ricard, *Histoire du Québec contemporain. Tome II. Le Québec depuis 1930*, Montréal, Boréal, 1989, p. 327-330, 444.

régime provincial de santé publique exige des bénéficiaires qu'ils résident dans leur province pendant un minimum de 183 jours par année[4].

Karl E. Holland, Aperçu du Miami Heights Trailer Park – Miami, Florida, novembre 1967, State Archives of Florida, collection « Florida Memory », image C673886.

En Floride, agents immobiliers, opérateurs touristiques et politiciens soulignent à grands traits à quel point il est possible d'y passer l'hiver, même pour ceux qui ont des revenus modestes[5]. Les logements abordables et relativement sécuritaires, ainsi que le faible coût de la vie, en font un pôle d'attraction pour les retraités. La nouvelle de l'accessibilité de la destination atteint rapidement familles et amis du Nord, créant une véritable fièvre. Par exemple, lorsque Maurice Ouellette visite Lake Worth à l'hiver 1963, où il rejoint un ami franco-ontarien de Sudbury qui y gère un motel

---

[4] David Reeves Counts et Dorothy Ayers Counts, *Over the Next Hill. An Ethnography of RVing Seniors in North America*, Peterborough, Broadview Press, 2001, p. 301-308.
[5] Gary Mormino, *Land of Sunshine, State of Dreams: A Social History of Modern Florida*, Gainesville, University Press of Florida, 2005, p. 132.

pendant la saison froide, il est entouré de Canadiens français. Ouellette songe alors qu'il y aurait lieu de persuader sa parenté et son entourage d'y séjourner[6]. Un nombre important d'hivernants provenant du moyen-nord ontarien, interviewés un demi-siècle plus tard, confirmeront avoir un lien avec Ouellette.

Les courants migratoires des Canadiens français ne se distinguent pas de ceux des autres Nord-Américains, les hivernants tendant à se diriger vers des complexes, parcs ou quartiers où ils connaissent des proches[7]. Ce n'est donc pas une coïncidence si un parc de maisons mobiles à Pompano Beach, par exemple, attire principalement des gens de Terrebonne (Québec).

Plusieurs retraités au revenu modique considèrent qu'ils ont les moyens de prendre part à l'aventure, en se procurant une maison mobile – généralement pour 10 % à 20 % du prix d'une maison ordinaire. Le prix moyen d'une maison mobile (5000 $ en 1970, 16 000 $ en 1980) demeure fort concurrentiel vis-à-vis du prix d'une maison ordinaire[8]. C'est ainsi que la proportion de maisons mobiles par rapport à l'ensemble des maisons passe de 2,1 % en 1950 à 6,9 % en 1970, pour atteindre 12,5 % en 1990[9]. Pourtant, il a d'abord fallu changer les attitudes par rapport aux roulottes, longtemps considérées comme des maisons d'errance et de pauvreté. Des publicités s'attardent à dépeindre la maison mobile comme une résidence secondaire désirable, pouvant être installée dans un quartier constitué spécialement pour accueillir des communautés de retraités. Les constructeurs, désireux d'offrir l'illusion d'une maison ordinaire, en modifient la configuration : désormais allongée, élargie et dotée de plusieurs des commodités d'une maison urbaine ordinaire, elle peut même comprendre une deuxième salle de bain. Les parcs où se concentrent ces maisons attirent des réseaux communautaires élargis de retraités. Ils fixent habituellement un âge d'admissibilité, excluant ainsi les jeunes et les familles sous prétexte de veiller à la sécurité (ou d'en donner l'impression)

---

[6] Entrevue avec Maurice Ouellette, Palm Springs (Floride), 5 janvier 2009.

[7] Godefroy Desrosiers-Lauzon, *op. cit.*, p. 92.

[8] Louis Dupont et Marie Dussault, « La présence francophone en Floride : un portrait », *Vie française*, vol. 36, n°s 10-11-12, octobre-novembre-décembre 1982, p. 9.

[9] Godefroy Desrosiers-Lauzon, *op. cit.*, p. 103, 113.

des résidents âgés. Lors de l'adoption du *Civil Rights Act* de 1968, la Florida Federation of Mobile Home Owners (FFMHO) réussit à soustraire les critères d'admissibilité aux parcs «séniors» des dispositions sur la discrimination contre les familles et les enfants. Lors des délibérations sur l'adoption du *Fair Housing Act* en 1988, la fédération réussira de nouveau à maintenir l'exemption pour les parcs de retraités[10]. La FFMHO s'avère également influente dans le maintien d'un plafond sur les taxes foncières imposées sur les maisons mobiles et dans la lutte qu'elle fait aux municipalités qui tentent d'endiguer la prolifération de ces parcs, voire même de les fermer, au profit de projets immobiliers plus denses et plus lucratifs au plan de l'impôt foncier.

Intimement liés au Nord, ces parcs renferment des cellules communautaires bien ficelées, à contre-courant de la tendance à la dispersion des enclaves ethniques. Les hivernants, qui ont plus de temps libre à leur disposition, sont davantage portés à prendre part aux activités religieuses et culturelles de leur groupe que leurs compatriotes restés dans le Nord. Pour eux, la participation à un programme de vie communautaire chargé, comprenant parties de pétanque, soirées dansantes et festins occasionnels, leur permet de refouler l'ennui qu'amènent parfois le retrait de la vie professionnelle et l'éloignement du milieu d'origine. Plusieurs hivernants, entourés de parenté et d'amis, affirment se tirer assez bien d'affaire lorsque des imprévus se présentent; la plupart reçoivent aussi des visiteurs au cours de l'hiver[11]. Chez la génération née entre 1910 et 1940, ce «capital social» demeure incontournable. Malgré les avantages de ce communautarisme, les parcs de maisons mobiles tendent aussi à maintenir des barrières raciales et ethniques.

En 1981, des parcs de maisons mobiles – en particulier à Fort Lauderdale, à Hollywood et à Miami – regroupent une majorité d'hivernants canadiens-français[12]. Les immigrants y sont rares, la plupart de ceux qui ont fait de la Floride leur lieu de résidence principal ayant privilégié les maisons unifamiliales ou les

---

[10] *Ibid.*, p. 162-163.
[11] Rémy Tremblay, *Floribec: espace et communauté*, Ottawa, Presses de l'Université d'Ottawa, 2006, p. 78; Godefroy Desrosiers-Lauzon, *op. cit.*, p. 15-17.
[12] Louis Dupont et Marie Dussault, *op. cit.*, p. 14-16.

condominiums. En raison de la classe sociale de leurs résidents, les parcs de maisons mobiles se situent généralement près de zones industrielles, loin de la mer et des artères commerciales. Ce phénomène accentue la visibilité des strates sociales existantes, les hivernants canadiens-français de statut plus élevé s'établissant plus communément en bordure de l'océan Atlantique, dans des quartiers résidentiels ou dans un complexe de condominiums, où ils côtoieront des gens de même rang économique, mais où ils seront culturellement minoritaires.

Le phénomène des hivernants gagne en popularité parallèlement à la croissance du nombre annuel de touristes canadiens en Floride, qui augmente de 10 fois entre 1960 et 1990, pour passer de 245 000 à 2,4 millions. Le poids des touristes passe de 5 à 14 fois celui des 167 000 résidents d'origine acadienne, canadienne et canadienne-française (1990)[13]. Si certaines études américaines fixent le nombre d'hivernants canadiens à une centaine de milliers, les recensions de gérontologues et de journalistes canadiens situent plutôt leur nombre à la hausse, soit entre 250 000 (1984) et 300 000 (1987)[14]. Selon certaines estimations, les Canadiens français représenteraient entre 25 % et 35 % des visiteurs canadiens; le cas échéant, on compterait entre 110 000 (1987) et 150 000 (1993) hivernants canadiens-français[15].

Ces statistiques, qui rendent compte du nombre effarant de touristes et d'hivernants canadiens en Floride au moment même

---

[13] Sylvain de Repentigny, «International Travel Survey. Canadian Residents 1980-1999. Data Selected: U.S. State Visits, Including En Route. Total U.S. State Visits Selected, U.S. Regions by U.S. States, 1 + Nights by Visits and Spending Less Fares. Florida 1980-1999», Ottawa, Statistique Canada, document inédit envoyé par courriel, 30 juillet 2007; [s.a.], «Table 31. Ancestry: 1990», dans [s.a.], *1990 CP-2-11. 1990 Census of Population. Social and Economic Characteristics. Florida. Section 1 of 3*, United States Bureau of the Census, p. 129 [en ligne]: http://www.census.gov/prod/cen1990/cp2/cp-2-11-1.pdf, consulté le 13 juillet 2015.

[14] Jon Nordheimer, «Canadians Who Find a Winter Haven in Florida Bring Separatism Along», *The New York Times*, 8 avril 1987 [en ligne]: http://www.nytimes.com/1987/04/08/us/canadians-who-find-a-winter-haven-in-florida-bring-separatism-along.html, consulté le 13 juillet 2015; Richard D. Tucker, Larry C. Mullins, Charles F. Longino Jr., Victor W. Marshall et François Béland, «Older Canadians in Florida: A Comparison of Anglophone and Francophone Seasonal Migrants», *Canadian Journal on Aging/ La revue canadienne du vieillissement*, vol. 11, n° 3, automne 1992, p. 281-299; Godefroy Desrosiers-Lauzon, *op. cit.*, p. 89.

[15] Godefroy Desrosiers-Lauzon, *op. cit.*, p. 179.

où l'intégration économique canado-américaine se concrétise, rap-pellent la familiarité qu'entretiennent dorénavant les Canadiens avec les États-Unis. Au Département d'État de la Floride, cette proximité est perçue comme la principale force d'attraction : « *Florida is appreciated for "just like Toronto / Montreal but with sun" in the wintertime*», y remarque-t-on en 1982. «*The concept that "Florida is American" [is] an advantage [that] manifests itself in terms of familiarity with the culture, food and language*[16].» Une journaliste du *Toronto Star* va plus loin, en mars 1986, lorsqu'elle affirme que cette similitude rassure et réconforte les Canadiens. «*Florida is no longer the Canadian dream vacation – just a realistic one. We leaf through travel brochures looking for the exotic, knowing in the back of our minds that "we can always go to Florida"*[17]», constate-t-elle avec candeur.

La vie communautaire :
la constitution d'un espace canadien-français

Si la destination a la cote chez bon nombre de Canadiens, on aurait tort de confondre les motivations des touristes – qui y passent une ou deux semaines –, et celles des hivernants – qui habitent hiver après hiver dans une même communauté. Alors que les touristes sont plus aptes à se rendre à Walt Disney World et à Miami Beach, des destinations touristiques mondiales ne ressemblant en rien à un espace francophone, les hivernants fréquentent rarement ces lieux et s'enracinent plutôt, de novembre à mars, dans une enclave culturelle canadienne-française. C'est avant tout la participation à une vie communautaire qui les distingue des trois autres types de migrants : les hivernants maintiennent leur culture d'origine et en développent une variante locale en Floride. Quoique inactives en été, ces enclaves partagent des caractéristiques à la fois avec les petites sociétés et les quartiers ethniques. Pour rappeler les mots de Paul-André Rosental, chez les hivernants, l'enracinement est

---

[16] Cité par James P. King et David A. Lyon, *Canadian Travel Patterns and Attitudes Towards Vacations in Florida*, Toronto / Tallahassee, Market Facts of Canada / Florida Department of Commerce, 1982, p. 40.

[17] Kathy English, «Florida Prospers on Canadian Dollars», *The Toronto Star*, 9 mars 1986, p. A12.

«secondaire dans la mesure où ses acteurs maintiennent fondamentalement [...] le même cadre de vie que leurs compatriotes restés sur place[18]» au Canada. Ainsi, les hivernants partagent leur temps entre deux pôles de la Franco-Amérique. Les revenus, les transports et les technologies le permettant, il devient moins nécessaire de quitter en permanence le Québec et sa périphérie bilingue, comme l'ont fait les immigrants, pour profiter de la chaleur floridienne pendant la saison froide.

On tend parfois à réduire le quotidien des hivernants aux soirées dansantes, aux piqueniques et aux parties de marelle, associant leur train de vie à celui de «petits blancs». Plusieurs hivernants résidant dans les parcs de maisons mobiles sont pourtant originaires de localités de moins de 100 000 personnes, où les liens communautaires sont plus intimes que dans les grands espaces urbains. La confrontation à un espace urbain étranger pourrait bien les amener à reconstituer une ambiance villageoise[19]. Les 2500 kilomètres qui séparent le sud-est floridien du Canada central contribuent également à intensifier la sociabilité entre Canadiens français de différentes provinces. Les quartiers et les parcs donnent parfois lieu à des rencontres inusitées, y compris entre Franco-Ontariens et Franco-Américains, des groupes qui souvent se connaissent peu.

Au fur et à mesure que les hivernants échangent entre eux, vivent des expériences communes et participent à une vie communautaire sur place, émerge un sentiment d'appartenance plus profond que chez les immigrants, lesquels travaillent souvent de longues heures et s'intègrent au marché du travail de la majorité. La popularisation du mode de vie hivernant aura une lourde incidence sur l'infrastructure aménagée pour les touristes, mais aussi sur les associations orientées vers les préoccupations des immigrants. Non seulement les hivernants sont-ils plus enclins que les

---

[18] Paul-André Rosental, «Maintien/rupture: un nouveau couple pour l'analyse des migrations», *Annales, Économies, Sociétés, Civilisations*, vol. 45, n° 6, 1990, p. 1410.
[19] Godefroy Desrosiers-Lauzon, *op. cit.*, p. 157-158.

immigrants à participer à une vie communautaire, mais leur nombre brut dépasse, vers 1980, le nombre d'immigrants[20]. L'émergence de cette catégorie de migrants affectera directement le Club canadien-français d'Amérique (CCFA). Établi principalement pour les immigrants de Palm Beach en 1973, le CCFA abandonne éventuellement le bilinguisme des premières années. À la fin de la décennie, il s'oriente vers la cohésion sociale des Canadiens français, tenant des soirées dansantes non plus multiculturelles, comme pour le bicentenaire des États-Unis, mais « canadiennes ». Il élimine aussi les festivités patriotiques américaines[21]. Il cible la clientèle retraitée, abandonnant les activités familiales. Comme en Nouvelle-Angleterre et en Ontario français, les Canadiens français récemment arrivés du Québec sont au cœur des efforts pour ranimer la ferveur nationaliste des institutions locales, parfois délaissées par les immigrants de longue date[22]. Lui-même immigrant, Roland Doyon, qui occupe la présidence du CCFA de 1977 à 1979, en vient à croire que le club se porterait mieux s'il servait davantage la clientèle hivernante. Ses interventions préconisent l'« union » des Canadiens français, peu importe leur origine géographique ou la durée de leur passage[23]. Il a peut-être gardé un souvenir amer des difficultés qu'a connues l'association lorsqu'elle visait surtout les immigrants. De surcroît, plusieurs immigrants ont progressivement manifesté un « manque d'intérêt[24] » pour le CCFA après qu'ils aient établi des réseaux personnels. Pour la première fois, à l'occasion d'un souper le 10 mars

---

[20] « Table 18. Nativity, Citizenship, Year of Entry, Area of Birth, and Language Spoken at Home : 1990 », dans *1990 CP-2-11*, p. 116 ; Richard D. Tucker *et al.*, *op. cit.*, p. 281-299.

[21] Entrevue avec Roland Doyon, Palm Springs (Floride), 8 janvier 2009.

[22] Yves Roby, *Les Franco-Américains de la Nouvelle-Angleterre, rêves et réalités*, Sillery, Septentrion, 2000, p. 273-285 ; Jack Douglas Cécillon, *Prayers, Petitions and Protests. The Catholic Church and the Ontario Schools Crisis in the Windsor Border Region, 1910-1928*, Montréal / Kingston, McGill-Queen's University Press, 2013, 404 p.

[23] « Soirée d'ouverture nov 1977 » [novembre 1977] ; « Jour de l'An 1978 » [1er janvier 1978] ; « Jan. 14 1978 » [14 janvier 1978] ; « Janv. 28 1978 » [28 janvier 1978] ; « Feb-11-78 » [11 février 1978] ; « Feb-18-78 » [18 février 1978] ; « Mars 11 1978 » [11 mars 1978] ; « May 1978 » [mai 1978] ; « Juin 1978 » [juin 1978] ; « Nov 25 1978 » [25 novembre 1978] ; « Dec 16 78 » [16 décembre 1978] ; « Jan 13 1979 » [13 janvier 1979] ; « Jan 27 1979 » [27 janvier 1979] ; « Feb 10 1979 » [10 février 1979], dans Archives privées du Club canadien-français de Lake Worth (APCCFLW), Lake Worth (Floride).

[24] Entrevue avec Nicole Bureau, Lantana (Floride), 9 janvier 2008.

1979, les hivernants forment une majorité notable de participants[25].

Si le « manque d'intérêt » chez les immigrants pour le CCFA le mine certainement, les conflits de personnalité et les allégations de corruption contribuent aussi à sa fragilisation. Enfin, lorsque le président en poste en 1981 décède, la programmation est suspendue pour le reste de l'année[26]. Subséquemment, c'est un groupe d'hivernants qui remet le CCFA sur pied. Le Franco-Ontarien Maurice Ouellette prend la relève et assure l'élection d'un CA entièrement composé d'hivernants. Si les immigrants n'en sont pas explicitement exclus, ils se sentent tassés, les hivernants étant devenus « plus forts[27] » qu'eux, aux dires de Doyon. Cette tradition, de n'élire que des hivernants au conseil d'administration, se maintiendra pendant une quinzaine d'années. Alors qu'il est aux rênes de l'organisme, Ouellette veillera à ce que le conseil soit composé de Franco-Américains, de Franco-Ontariens et de Québécois, même si la majorité franco-ontarienne au conseil n'est pas représentative de leur poids parmi les hivernants – originaires du Québec pour la plupart – à Palm Beach[28].

Ouellette cherche à attirer au CCFA les hivernants franco-ontariens, qui fréquentent souvent les activités des enclaves locales canadienne-anglaise et polonaise. Homme d'affaires, il redore les soirées dansantes dans une salle au bord de la mer, rentabilise les activités en augmentant la participation et accumule suffisamment d'argent – près de 40 000 $ en 1993-1994 seulement – pour que l'organisme se procure un édifice[29]. Lors d'un réveillon au milieu

---

[25] « March 10 1979 » [10 mars 1979], dans APCCFLW.

[26] Entrevue avec Rose Brousseau, Lake Worth (Floride), 12 janvier 2008 ; entrevue avec Conrad Roy, Greenacres (Floride), 8 janvier 2008 ; entrevue avec Armand Lallinec, Lake Worth (Floride), 10 janvier 2008.

[27] Roland Doyon, *op. cit.*, 8 janvier 2009.

[28] Entrevue avec Maurice Ouellette au téléphone, 25 octobre 2006 ; entrevue avec Maurice Ouellette, Palm Springs (Floride), 7 janvier 2008.

[29] « First Federal of the Palm Beaches. Statement of Account Transactions. Club Canadian Français. Six Month Certificate 114008007 », 31 décembre 1993 ; « First Federal of the Palm Beaches. Statement of Account Transactions. Club Canadian Français. One Year Certificate 1144022358 », 31 mars 1994 ; « First Federal of the Palm Beaches. Statement of Account Transactions. Club Canadian Français. Six Month Certificate 114008007 », 30 juin 1995, dans APCCFLW.

des années 1980, Jeannette Dalcourt, originaire de Verner (Ontario) et bras droit de Ouellette, organise un festin de « 40 tourtières, 2000 boulettes, 2 fesses de cochon, puis 7 dindes[30] », selon ses dires, à l'aide de son équipe de cuisinières. Après quoi Ouellette sollicite la participation de Franco-Américains, de Franco-Ontariens, mais aussi de dizaines de Belges et de Français à la communauté. L'usage de la langue française y est le seul critère d'admission. Au nom de la diversité, inconsciemment ou non, les Québécois ne forment plus la majorité des membres du CCFA. Ouellette se sent à l'aise d'approcher tout francophone qu'il croise dans l'espace public pour l'inciter à devenir membre, en lui remettant une carte de visite donnant accès à une soirée dansante et à un « *drink* gratis[31] ». En peu de temps, les activités sont bondées – accueillant de 200 à 400 personnes par semaine.

Et il n'est pas le seul organisme à s'orienter vers les retraités, qui disposent de plus de temps. Le Club Richelieu de Hollywood regroupe 35 commerçants parmi les immigrants canadiens-français[32]. Le club, qui vivote depuis les premières années, intègre progressivement des hivernants, qui y deviennent majoritaires vers 1990. Du coup, les réunions au printemps et en été disparaissent au profit d'un programme s'échelonnant de novembre à mars[33]. La tendance se maintiendra au point où il ne restera que quelques immigrants parmi les 42 membres au début du XXIe siècle.

Pendant les années 1980 et 1990, la majeure partie de la vie canadienne-française continue de se concentrer autour d'Hollywood. L'amour des Canadiens pour le hockey amène même la Ligue nationale de hockey à établir des équipes en Floride, dont les matchs attireront de nombreux partisans. Si les hivernants canadiens-anglais suivent les matchs du Lightning de Tampa Bay (1992), les Québécois sont en partie à la source du succès financier des Panthères de la Floride, établis en 1993 en banlieue de Fort

---

[30] Entrevue avec Jeannette Dalcourt, Greenacres (Floride), 7 janvier 2008.
[31] Maurice Ouellette, *op. cit.*, 25 octobre 2006.
[32] Louis Dupont et Marie Dussault, *op. cit.*, p. 21.
[33] Entrevue avec Sylvain Frétigny et Denise Lefebvre, Hollywood (Floride), 29 mars 2013.

Lauderdale[34]. Les Québécois sont d'ailleurs heureux de s'y procurer un billet ou un laisser-passer saisonnier, plus abordable que ceux vendus au Forum de Montréal. On peut aussi deviner que les matchs des Panthères contre le Canadien, les Sénateurs d'Ottawa ou les Bruins de Boston recrutent plus d'hivernants québécois, franco-ontariens et franco-américains que les autres. De 1980 à 2004, les Expos de Montréal tiennent leurs matchs de pré-saison à West Palm Beach et y attirent plusieurs hivernants montréalais et francophones[35].

La « semaine Canada » à Surfside s'est transformée en « Canada Fest » annuel, organisé à Hollywood à partir de 1983[36]. Malgré son nom, cette fête sur le Broadwalk attire surtout des Canadiens français, à en juger par l'importance des kiosques, des activités et de la langue entendue. Cent cinquante mille touristes et hivernants (principalement québécois) y participent, ce qui en fait le « plus gros rassemblement de francophones hors Québec[37] ». Selon Rémy Tremblay, on cherche avant tout à célébrer une Floride miamienne quelque peu idéalisée. On y trouve une adaptation franco-canadienne de cette culture, célébrée en français, entre individus – touristes et hivernants – pour qui les regards demeurent fixés sur leur société d'origine. L'événement atteint une importance telle qu'il s'insère dans le circuit des tournées d'artistes québécois, qui

---

[34] « Le Canadien » [en ligne] : http://www.lesoleildelafloride.com/soleil/lecanadien/ ; «Florida Panthers (1993-Present)» et «Tampa Bay Lightning (1992-Present)», The Sports E-cyclopedia [en ligne] : http://www.sportsecyclopedia.com/nhl/ ; Michel Lemieux, «Plus de Québécois derrière les Panthers», *Le Soleil de la Floride*, 1er mars 2012 [en ligne] : http://www.lesoleildelafloride.com/Vol29/342-1/Sports/quebecois_derriere_les_panthers, consultés le 13 juillet 2015.
[35] Robert Douglas, «The Maple Leaf and Palm Trees Are Intertwined», *The Palm Beach Post*, 21 février 1988, dans Historical Society of Palm Beach County Archives (HSPBCA), Fonds «Populations», vol. «Canadians in Florida».
[36] «CanadaFest : c'est ce week-end», *Le Soleil de la Floride*, 24 janvier 2008 [en ligne] : http://www.lesoleildelafloride.com/292-4/Actualites/actualite_CanadaFest ; Denise Dumont, «Canadafest 2013 : 30 ans de Festival!», *Le Soleil de la Floride*, 27 décembre 2012 [en ligne] : http://www.lesoleildelafloride.com/Vol30/352/Actualites/canadafest_2013_30_ans_de_festival, consultés le 13 juillet 2015 ; Pierre Paquette, «Les Québécois en Floride», *Aujourd'hui* (4 avril 1967), Télévision de Radio-Canada [en ligne] : http://archives.radio-canada.ca/art_de_vivre/voyage/clips/16233/ ; Rémy Tremblay, *op. cit.*, p. 59.
[37] « Le CanadaFest. C'est ce week-end », *Le Soleil de la Floride*, 20 janvier 2011 [en ligne] : http://www.lesoleildelafloride.com/Vol28/328-3/Actualites/actualite_CanadaFest, consulté le 13 juillet 2015.

s'arrêtent en Floride pour offrir des prestations, et – du moins chez ceux qui savent joindre l'utile à l'agréable – passer des vacances au soleil. À partir des années 1970, les comtés de Broward et de Dade constituent aussi un pôle d'attraction pour des artistes «vaudevilliens» du Québec, qui y connaissent une seconde carrière. Les chanteuses Muriel Millard et Julie Daraîche, mais aussi l'humoriste Gilles Latulippe, s'y rendront plusieurs années de suite[38].

Ces événements populaires sont parfois marqués par des débordements. Voulant faire la fête, certains enfilent des maillots de bain jugés indécents, consomment des quantités excessives d'alcool et parlent à tue-tête en français, ce que des Floridiens ne se privent pas de dénoncer[39]. Certains médias québécois prennent plaisir à critiquer ce «mauvais goût» des hivernants et des vacanciers du Québec – reflet, selon eux, d'un trop-plein de consommation à l'américaine. Cette caricature du Québécois inculte est d'ailleurs récupérée dans les films *Elvis Gratton* (Pierre Falardeau, 1985) et *La Florida* (George Mihalka, 1993), qui déplorent, le premier plus grossièrement que le second, l'évasion des Québécois vers un mode de vie facile, superficiel et culturellement appauvri[40]. Même les touristes et hivernants canadiens-français de Surfside tendent à employer le vocable «québécois» de manière dérogatoire pour décrire leurs bruyants compatriotes ouvriers de Hollywood. Curieusement, les premiers s'identifient plutôt comme des «Canadiens français», enracinés dans de fières traditions. Cette interprétation de ces deux vocables, contraire aux connotations qu'ils évoquent au Québec à la même période, souligne à quel point l'éloignement vis-à-vis de la mère patrie peut réaligner des repères...

Le rapport au Canada français et au Québec

Pendant les années 1970 et 1980, ces enfants du Canada français

---

[38] Godefroy Desrosiers-Lauzon, *op. cit.*, p. 189-192.

[39] Rémy Tremblay, *op. cit.*, p. 85-96; *ibid.*, p. 228-230.

[40] Pierre Falardeau et Julien Poulin, *Elvis Gratton: le king des kings*, enregistrement DVD, Montréal, Association coopérative des productions audio-visuelles, 1985, 89 min., son, couleur; George Mihalka, *La Florida*, enregistrement DVD, Montréal, Sarrazin Couture Entertainment, 1993, 112 min., son, couleur.

quittent un foyer en pleine dispute. La modernisation de l'État québécois, la laïcisation et l'urbanisation de la société civile, ainsi que la prise en charge des affaires économiques et politiques par les Canadiens français bouleversent profondément le réseau institutionnel traditionnel, organisé sous les auspices de l'Église catholique. Au XIXe siècle, et durant la première moitié du XXe, la migration de centaines de milliers de Canadiens français vers l'Ontario et la Nouvelle-Angleterre avait fait de la « survivance » du projet national canadien-français une voie idéologique majeure. Alors qu'on avait longtemps sollicité des souscriptions pour soutenir le développement institutionnel des communautés minoritaires, le débit a ralenti dès le milieu des années 1950[41]. La diminution des migrations hors province et la croissance de l'acculturation en milieu minoritaire creuse un fossé entre Québécois – qui commencent de plus en plus à se nommer ainsi – et Acadiens ou Canadiens français disséminés partout au pays[42]. Des nouvelles solidarités provinciales (québécoise, franco-ontarienne, franco-manitobaine, etc.), mais aussi mondiales (francophonie) s'établissent alors.

Comment le démantèlement du Canada français s'est-il répercuté en Floride ? Nous l'avons vu, les hivernants font preuve d'une grande affinité avec la culture de consommation américaine, tout en demeurant profondément attachés à leur province et à leur pays. Si les immigrants canadiens-français (et surtout leurs enfants) s'intègrent progressivement à leur culture d'adoption, les hivernants maintiennent leur culture d'origine. Si le Canada français en tant que réseau institutionnel et projet national a amorcé sa fragmentation au milieu du siècle, ce processus ne semble avoir qu'une incidence mineure chez les hivernants, qui cherchent à retrouver des compatriotes, sans se formaliser de leur identité provinciale.

---

[41] Marcel Martel, *Le deuil d'un pays imaginé. Rêves, luttes et déroute du Canada français. Les rapports entre le Québec et la francophonie canadienne (1867-1975)*, Ottawa, Presses de l'Université d'Ottawa, 1997, 203 p.

[42] Serge Dupuis, « Le passage du Canada français à la Francophonie mondiale : mutations nationales, démocratisation et altruisme au mouvement Richelieu, 1944-1995 », thèse de doctorat (histoire), Waterloo, University of Waterloo, 2013, 368 p. ; Yves Frenette, *Brève histoire des Canadiens français*, Montréal, Boréal, 1998, p. 172 ; Gaétan Gervais, *Des gens de résolution : le passage du « Canada français » à l'« Ontario français »*, Sudbury, Prise de parole, 2003, 230 p.

Désireux de continuer à « faire société », pour rappeler l'expression de Joseph Yvon Thériault, les hivernants fréquentent les lieux communs aux Canadiens français et vivent dans une enclave autonome, en attendant de rentrer au Québec ou au Canada au printemps.

La dynamique des rapports entre le Québec et les minorités canadiennes-françaises n'atteint probablement pas les hivernants québécois qui restent confinés à leurs cercles de proches, pas plus que les hivernants franco-ontariens qui passent leurs hivers près du Golfe parmi des Ontariens et des New Yorkais anglophones, par exemple. La problématique atteint pourtant le sud-est, où plusieurs Canadiens français originaires de différentes villes ou provinces cherchent à « faire communauté », en quelque sorte. Si les hivernants québécois constituent la majorité des hivernants francophones de cette région, il est difficile de dénombrer les Franco-Ontariens et Acadiens présents dans le groupe, tellement les statistiques existantes sont imprécises. Si on posait la question à un organisateur du Canada Fest, à un commis de la Desjardins Bank de Hallandale Beach ou au président du Club Richelieu d'Hollywood, par exemple, tous confirmeraient que leur clientèle comprend une majorité de Québécois, mais aussi plusieurs Acadiens, Franco-Américains et Franco-Ontariens. Même le film *La Florida* a pour protagoniste un Franco-Américain du Massachussetts, Jay Lamoureux, qui redécouvre ses racines en fréquentant la famille Lespérance.

L'histoire du CCFA met en évidence comment certaines frontières identitaires, pourtant si importantes au Canada, peuvent s'effacer à l'étranger. Qu'ils soient originaires du Québec, de l'Ontario ou du Vermont, plusieurs se reconnaissent dans l'espace public grâce à l'accent laurentien ou à des comportements moins inhibés, preuve de la persistance d'une nationalité commune. Les divergences d'opinion sur la question nationale existent, mais constituent rarement un obstacle à la sociabilité. Ainsi Maurice Ouellette, qui constate que des hivernants franco-ontariens fréquentent davantage les associations anglophones, où l'on ne retrouve pas « les mêmes gens », ceux qui entretiennent « les mêmes habitudes[43]», tâche de les ramener au bercail en leur taillant une place au CCFA. Jeannette Dalcourt, quant à elle, préfère s'entretenir avec des Franco-Américains qu'avec des Ontariens de langue anglaise. Pour ces personnes, les différences culturelles ou idéologiques entre Acadiens, Franco-Américains, Franco-Ontariens et Québécois ne les empêchent pas de se rassembler dans un espace commun. Les discussions portant sur la politique sont d'ailleurs assez rares. «Il y en a, des Québécois qui peuvent être piquants, des fois», remarquera-t-elle, «mais pas au point d'haïr ou de rivaliser [les francophones hors Québec]. Je trouve que c'est moins pire ici [qu'au Canada][44].»

Pour sa part, Roger Groulx, de Sainte-Agathe (Québec) estime que la distance et la durée de l'exil diluent les clivages ressentis au Canada et accélèrent l'éclosion d'amitiés, au point de faire renaître une certaine solidarité. «Un gars que tu ne connais pas, chez nous, tu ne le saluerais pas,» souligne-t-il, «mais ici, si tu sais qu'il parle français ou qu'il est "canadien", tu vas t'arrêter. Tu as besoin des gens de chez toi pour passer au travers de l'hiver. Du Québec, de l'Ontario et des Maritimes, ce sont tous des gens de chez nous[45].» Le sondage effectué en janvier 2008 auprès de 22 hivernants à Lake Worth ne révèle que quelques distinctions idéologiques entre Québécois et Franco-Ontariens. Par exemple, les Québécois recensés qualifient les rapports entre ces deux groupes d'«excellents», tandis que les Franco-Ontariens ont plutôt tendance à les trouver seulement «bons[46]». Si les francophones des provinces autres que le Québec ont longtemps été surreprésentés à la Société Richelieu, à l'Ordre de Jacques Cartier et au Conseil de la vie française en Amérique, le CCFA fait écho à cette tradition après 1982[47]. Certes, si certains hivernants se disent frustrés de l'ignorance relative des Québécois vis-à-vis des autres francophones du Canada, le

---

[43] Maurice Ouellette, *op. cit.*, 7 janvier 2008.

[44] Jeannette Dalcourt, *op. cit.*, 7 janvier 2008.

[45] Entrevue avec Roger Groulx, Greenacres (Floride), 12 janvier 2008.

[46] Serge Dupuis, «Sondage auprès des Canadiens français de Palm Beach», document inédit, janvier 2008, 44 p.

[47] Denise Robillard, *L'Ordre de Jacques Cartier, 1926-1965 : une société secrète pour les Canadiens français catholiques*, Montréal, Fides, 2009, 541 p. ; Serge Dupuis, «Le passage… », *op. cit.*, 368 p. ; Marcel Martel, *op. cit.*, 203 p.

sondage souligne surtout que les hivernants tendent à s'affranchir de leurs étiquettes régionales pour privilégier les vocables « canadien » ou « canadien-français ». Ce faisant, ils se distinguent des « Anglais » et des « Américains[48] », comme on le faisait au XIXe siècle.

Cette tendance à s'associer à un groupe national élargi (ou au seul dénominateur commun viable en Floride) est d'ailleurs évoquée dans les recherches de l'historien Robert Harney, qui la constate chez d'autres groupes en Floride. C'est ainsi que les Canadiens d'origines italienne, juive et irlandaise sont portés à rejoindre des Irlandais, des Juifs ou des Italiens des États-Unis pendant leur séjour hivernal. Les hivernants contribuent ainsi à accentuer une ethnicité devenue marginale dans leur vie du Nord, selon Harney[49]. « *The need for friendship and belonging while spending the winter in Florida command[s] a hyphen, an overstatement of one's background and particularities, as a way to reach out to strangers[50],* » selon Desrosiers-Lauzon. Autrement dit, l'anglophone ou l'immigrant du Canada est plus apte à hiverner avec des Américains de la même ethnicité qu'avec des compatriotes canadiens, et certainement plus qu'avec des hivernants québécois. Par exemple, le parc Century Village de Deerfield Beach a beau comprendre une majorité d'hivernants canadiens, il y existe des associations canadienne-anglaise et canadienne-française bien distinctes.

Tandis que les associations de groupes ethniques fonctionnent surtout en anglais, le facteur linguistique favorise le regoupement d'hivernants acadiens, canadiens-français, franco-américains (et même français à l'occasion) au sein d'associations et de milieux communs. Le migrant qui cherche la compagnie de francophones trouve bientôt des hivernants de différents horizons géographiques, voire identitaires, et peut tisser des amitiés rapidement. Nombre d'entre eux se rendront plus tard visite dans leurs milieux respectifs au Canada, pendant l'été. Les amitiés et les relations de parenté

---

[48] Serge Dupuis, « Sondage... », *op. cit.*, 44 p.

[49] Robert Harney, « The Palmetto and the Maple Leaf: Patterns of Canadian Migration to Florida », dans R. M. Miller et G. E. Pozetta (dir.), *Shades of the Sunbelt: Essays on Ethnicity, Race, and the Urban South*, Boca Raton, Florida Atlantic University Press, 1989, p. 21-40.

[50] Godefroy Desrosiers-Lauzon, *op. cit.*, p. 184.

outre-frontières étaient, d'après Yves Frenette[51], indispensables au maintien de la solidarité canadienne-française d'antan. En Floride, on semble assister à une modeste reprise de solidarité entre le Québec et la francophonie nord-américaine, grâce à la sociabilité qui émerge organiquement.

On ne discute à peu près pas de l'avenir politique du Canada français, mais quelques accrochages entre tenants du renouveau de la Confédération canadienne et ceux d'un Québec indépendant se produisent parfois. Quelques mois après l'élection du Parti québécois, en novembre 1976, l'hivernant québécois Rémy Ross hisse un drapeau québécois sur sa roulotte dans le Dixie Mobile Court de North Miami[52]. Certains Américains, considérant le geste comme un affront envers leur drapeau, quittent le parc et sont remplacés par des Québécois, ce qui fait augmenter leur nombre. Dans un geste de bonne foi, Ross ajoute le drapeau américain sur son mat, mais cela ne calme pas la grogne, surtout que le drapeau américain a été hissé sous le drapeau québécois et qu'il est plus petit. Cet affront amène des locataires, de même que le gérant du parc, à se rendre à la roulotte pour y retirer le fleurdelisé. Une altercation s'ensuit, après quoi Ross laisse les deux drapeaux en place. Quelques jours plus tard, la Dade County Police retire le drapeau du Québec, et conseille à Ross de se procurer un drapeau américain de taille identique et de le hisser au-dessus de son fleurdelisé. Quelques années plus tard, l'affichage d'un drapeau québécois lors de la Saint-Jean-Baptiste provoque la grogne de certains commerçants québécois d'Hollywood, hostiles au gouvernement de René Lévesque. Le drapeau devient alors un symbole chargé. Selon Desrosiers-Lauzon, ces « guerres de drapeaux » servent plus souvent qu'autrement à provoquer les compatriotes que les Américains du coin, mais ce type d'accrochage demeure rare, la plupart des hivernants ne cherchant que « la maudite paix[53] », loin des négociations constitutionnelles.

Regroupement non partisan mais nationaliste, le CCFA ne se

---

[51] Yves Frenette, *op cit.*, 209 p.
[52] Godefroy Desrosiers-Lauzon, *op cit.*, p. 194.
[53] Maurice, dans Rémy Tremblay, *op. cit.*, p. 104.

prononce pas sur la question nationale. On y rédige les documents en français, malgré que l'État floridien exige de tout organisme qu'il rende disponible en anglais toute documentation officielle. On y pose aussi des gestes ponctuels en faveur de la langue française, en demandant notamment à la municipalité de Lake Worth d'offrir un affichage en français dans les lieux fréquentés par ses membres. Le CCFA manifeste sa préférence pour la musique de langue française lors des soirées dansantes qu'elle organise[54]. Quelques semaines après le résultat serré au référendum du 30 octobre 1995 sur l'indépendance du Québec, le club pose un geste qu'il espère pourra réconcilier ses effectifs divisés. La majorité franco-ontarienne au conseil d'administration entretenait probablement de fortes réserves quant au projet de souveraineté, et une résolution adoptée le mois suivant, que l'*Ô Canada* soit chanté en ouverture à toutes les soirées du club, venait sûrement rappeler aux membres qu'ils rentreront tous, au terme de leur séjour, dans un seul pays au printemps 1996[55]. Le CCFA n'est pas l'unique club à avoir posé pareil geste. À l'automne 1995, les membres du Canadian Club of Central Florida commencent à entonner l'*Ô Canada* au début de leurs rencontres[56].

Dans leurs efforts pour constituer un îlot de l'Amérique française[57], les associations d'hivernants refusent l'américanisation. Ce rejet se manifeste parfois dans des lieux inattendus. Au tournant des années 1990, la danse en ligne s'immisce dans les soirées dansantes du CCFA et en vient à concurrencer la danse sociale traditionnelle[58]. En premier lieu, Maurice Ouellette dénonce l'abandon de cette coutume, qui facilitait les rencontres entre célibataires. Certains, jugeant cette pratique excessive, arguent que ce ne sont pas toutes les veuves qui se cherchent un nouveau mari. D'ailleurs, compte tenu de l'écart entre l'espérance de vie chez les hommes et

---

[54] «Assemblée 17 Jan 95 chez Georgette Gamache» [17 janvier 1995]; «Assemblée du 27 février 95 chez Albert Savoie» [27 février 1995], dans APCCFLW; Maurice Ouellette, *op. cit.*, 5 janvier 2009.

[55] «Assemblée Nov 95 chez Georgette Gamache» [novembre 1995], dans APCCFLW.

[56] Godefroy Desrosiers-Lauzon, *op. cit.*, p. 196.

[57] Dean Louder et Éric Waddell, *Du continent perdu à l'archipel retrouvé: le Québec et l'Amérique française*, Québec, Presses de l'Université Laval, 1983, 292 p.

[58] Simone Piuze, «Danser en ligne», *Le Bel Âge*, vol. 3, n° 11, octobre 1990, p. 18-19.

les femmes, la proposition est peut-être irréaliste. En Floride, le nombre de femmes de plus de 65 ans qui habitent seules dépasse de 25 % celui des hommes. Même si l'on ne connaît pas la répartition précise des personnes des deux sexes au CCFA, on peut présumer qu'elle est inégale. À Lake Worth, on commence à offrir des cours de danse en ligne aux veuves, veufs et célibataires[59]. Les danseurs traditionnels, surtout des couples, dénoncent alors ce genre de danse comme un type de «culture physique» américaine, qui menace les rencontres et les valeurs communautaires. La danse en ligne nuit à la danse sociale, puisqu'elle s'accapare la piste avec ses grands déplacements. Or, il faut bien que les deux camps puissent coexister[60]... Certains y voient une analogie des tensions entre l'Amérique francophone et l'Amérique anglophone. Si l'exemple peut paraître banal, il est révélateur de la tendance chez les hivernants à accentuer leurs traditions en Floride, à refuser d'abandonner un espace canadien-français, même quand celui-ci ne contient que des fragments de leur culture d'origine. Les hivernants ont beau critiquer la violence et l'inégalité présentes dans la société américaine, ils se montrent plutôt emballés, dans leurs pratiques de consommation, par ce qu'elle leur offre.

La messe en français

La volonté de reproduire un semblant de village canadien-français, voire une communauté francophone urbaine du Nord, s'est aussi manifestée sur le plan de la pratique religieuse. Aucune paroisse canadienne-française n'a vu le jour à Okeechobee ni à Surfside, où des Canadiens français et des Acadiens se sont installés dans les années 1920 et 1930. À Bélandville, la paroisse du Sacré-Cœur a existé de 1932 à 1936, mais elle n'était canadienne-française

---

[59] Carmen Cayouette, «Les danses en ligne à Lake Worth Village», dans Thérèse St-Amour, *op. cit.*, p. 20; entrevue avec Blaise Plouffe, Boynton Beach (Floride), 8 janvier 2009; Gary Mormino, *op. cit.*, p. 143.

[60] Thérèse St-Amour, «Conrad Roy», dans Thérèse St-Amour, *op. cit.*, p. 76-77; entrevue avec Rollande Asselin, Lake Worth (Floride), 11 janvier 2009; entrevue avec Carmen Bernier, Palm Springs (Floride), 5 janvier 2009; entrevue avec Albert Savoie, Greenacres (Floride), 7 janvier 2009; Godefroy Desrosiers-Lauzon, *op. cit.*, p. 197-198; Maurice Ouellette, *op. cit.*, 7 janvier 2008.

que par coïncidence, étant donné l'homogénéité de la colonie[61]. Le sanctuaire de Sainte-Anne-des-Lacs a constitué un lieu de pèlerinage important pour des hivernants et des immigrants canadiens-français, du milieu des années 1920 jusqu'en 1960, année de sa démolition par le diocèse d'Orlando. Pendant ces années, une messe y était célébrée par un curé canadien-français. Déjà en décembre 1925, le père R. P. Baril « excer[çait] son ministère ici, durant l'hiver[62] ». Certains pèlerins sont de passage, mais d'autres s'installent dans le village[63]. La paroisse avoisinante de Holy Spirit, à Lake Wales, sera dirigée par le curé Glenn Charest à l'hiver 2015, qui offrira une messe à Sainte-Anne au crépuscule de Pâques[64].

Malgré l'existence de ces chapelles, les diocèses floridiens n'ont jamais endossé la fondation de paroisses dédiées à un groupe culturel. Il revenait certes aux paroisses d'offrir certaines célébrations eucharistiques dans la langue d'un segment de leurs paroissiens. Ainsi, le diocèse de Palm Beach, par exemple, ne comprend que des paroisses destinées à l'ensemble des fidèles : les messes y sont dites en anglais surtout, et parfois en créole français, en espagnol ou en français[65]. L'archidiocèse de Miami a plus d'une dizaine de paroisses aux noms espagnols. Il abrite également la mission Notre-Dame-d'Haïti. Le nom d'une paroisse n'indique toutefois pas forcément la langue dans laquelle on dit la messe. Ainsi, certaines paroisses aux noms espagnols – dont San Pedro, à Tavernier – n'offrent aucune messe en espagnol alors que d'autres églises aux noms très anglais – dont Saint George, à Fort Lauderdale – en proposent plus d'une. Certaines paroisses de ces deux diocèses célèbrent des messes en arabe, en créole français, en français et

---

[61] Laura Lee Scott, *Belandville: A French-Canadian Colony in West Florida*, Bagdad (Floride), Patagonia Press, 2005, 67 p.

[62] « Belle fête pour les Canadiens français à Sainte-Anne, Floride », *La Presse*, 29 décembre 1925, p. 1.

[63] Charles T. Thrift, « Saint Anne's Day Observed at Florida Shrine », *All Florida Magazine (The Palm Beach Post)*, 24 juillet 1953, p. 6.

[64] Suzie Schottelkotte, « Secret Sanctuary: History Surrounding St. Anne Shrine is Miraculous », *The Ledger*, 24 mars 2015, http://www.theledger.com/article/20150324/POLKLIFE/150329630?p=1&tc=pg, consulté le 11 septembre 2015.

[65] « Locations », The Diocese of Palm Beach [en ligne] : http://www.diocesepb.org/locations, consulté le 14 juillet 2015.

même des messes bilingues[66]. Les messes dites en français semblent cependant être offertes principalement, si ce n'est exclusivement, pendant l'automne et l'hiver. Étant donné la faible mobilisation dont ont fait preuve les immigrants canadiens-français vis-à-vis de l'autonomisation de leurs structures, il n'est pas surprenant de constater qu'ils n'ont pas constitué un espace paroissial propre à eux, à l'inverse de leurs compatriotes touristes ou hivernants[67]. Si les immigrants canadiens-français ne se donnent pas de paroisse nationale en Floride, plusieurs d'entre eux inscrivent néanmoins leurs enfants à des écoles catholiques privées de langue anglaise et se joignent à des sections paroissiales des Knights of Columbus ou des Daughters of Isabella[68].

Si des messes en français sont célébrées en Floride depuis les années 1920, elles suivent souvent la formation des clubs canadiens-français. Comme nous l'avons vu, les caméras de Radio-Canada captent, le dimanche 12 mars 1967, les images d'une paroisse bondée de touristes et d'hivernants à Surfside[69]. Dans le long métrage *La Florida*, un prêtre grisé prononce une « messe mobile » sur la plage pendant un dimanche d'hiver. La blague rappelle pourtant une demande, bien réelle, du mouvement Richelieu d'organiser une messe sur la plage pendant son congrès à Miami à l'automne 1964. L'évêque du diocèse avait refusé, et elle s'était tenue plutôt à la cathédrale St. Patrick's.

Ce n'est pas un hasard que les messes en français se multiplient pendant les décennies 1970 et 1980, parallèlement à l'arrivée de contingents importants d'hivernants. À Dania, une célébration eucharistique se tient les dimanches à 19h en la paroisse The Resurrection of Our Lord, pendant la saison touristique. Le terrain de stationnement déborde, ces soirs-là, de voitures immatriculées au Québec. À Lake Worth à l'hiver 1978, un oblat à la

[66] «Parishes [...] Search», The Archdiocese of Miami [en ligne]: http://www.miamiarch.org/, consulté le 14 juillet 2015.

[67] Gaétan Gervais, «Les paroisses de l'Ontario français, 1767-2000», *Cahiers Charlevoix 6. Études franco-ontariennes*, Sudbury, Prise de parole, 2005, p. 172-184.

[68] Entrevue avec Joseph Asselin, Lantana (Floride), 9 janvier 2008; entrevue avec Patrick Asselin, Silver Springs Shores (Floride), 10 janvier 2009; entrevue avec Rose Brousseau, Lake Worth (Floride), 12 janvier 2008.

[69] Serge Dupuis, «Le passage...», *op. cit.*, p. 226; Pierre Paquette, *op. cit.*, 4 avril 1967.

retraite célèbre la messe en français au Colonial Coach Mobile Homes, accueillant des hivernants des Laurentides[70]. Aux dires de Roger Groulx, le père Thomas était habile en art oratoire, au point de faire pleurer les fidèles avec les mêmes histoires, contées d'une année à l'autre. L'une de ses premières prédications a eu lieu dans une salle vitrée devant une piscine, endroit peu adéquat pour maintenir l'attention des fidèles masculins pendant la cérémonie, remarque-t-on. Le groupe de fidèles décide alors de tenir ses célébrations dans la Holy Apostles Byzantine Catholic Church de Lantana, où deux messes, les samedis à 16 h et à 17 h, ne sont pas suffisantes pendant les années 1980 pour accueillir tout le monde qui veut y assister. On installe alors des hauts-parleurs à l'extérieur pour offrir à tous ceux qui le veulent l'occasion de l'entendre[71]. Le moment choisi convient aux hivernants, qui peuvent y assister sans sacrifier l'apéro – au cours duquel les boissons sont offertes à tarif réduit dans les pubs locaux –, ou encore la soirée dansante, qui commence vers 19 h. Ces messes célébrées uniquement pendant la saison touristique tirent leurs modiques revenus de la quête et de la vente (avec une prime, en dollars américains) des *Prions en Église*.

Ces messes servent aussi à rassembler les Canadiens français, les Franco-Américains et les Acadiens du continent; d'où le choix curieux du vocable « d'expression française ». Curieusement, on n'y attire ni les Français ni les Haïtiens de la région. On recrute par contre des Franco-Américains, dont certains ont perdu l'habileté à parler et à lire la langue de Molière, mais qui aiment bien « entendre parler français et retrouver leurs racines[72] » auprès des hivernants canadiens-français. Les besoins de la communauté augmentent tellement que, dès 1992, on organise à la paroisse Sacred Heart de Lake Worth, l'une des plus grandes de la ville, une messe

---

[70] Colette Beaudoin, Anne-Marie Groulx et Roger Groulx, « Historique de la communauté catholique d'expression française de Lake Worth », 2008, p. 1 ; Grace Blais, « One of the Most Likable Guys That You Could Ever Meet », 18 mars 1995, 2 p., dans Archives privées de la Communauté catholique d'expression française de Lake Worth (APCCEFLW), Greenacres (Floride) ; Roger Groulx, *op. cit.*, 12 janvier 2008 ; Pierre Paquette, *op. cit.*, 4 avril 1967 ; Rémy Tremblay, *op. cit.*, p. 60.

[71] Colette Beaudoin, *op. cit.*, p. 1 ; André Sansfaçon, *op. cit.*, 12 janvier 2008.

[72] Roger Groulx, *op. cit.*, 12 janvier 2008.

hebdomadaire pouvant accueillir 300 personnes[73]. On célèbre aussi des messes spéciales le jour de Noël, le Jour de l'An, le mercredi des Cendres et le dimanche de Pâques, et l'on fait une offrande annuelle pour les hivernants défunts de la dernière année, dont le nombre dépasse souvent la trentaine. On se quitte au printemps, sachant qu'on se retrouvera à l'automne, quelques bons amis en moins.

Le travail au noir

Preuve de leur intégration partielle au milieu floridien, une proportion importante d'hivernants occupent un emploi temporaire «au noir»; ils ne disposent pas d'un permis de travail, difficile à obtenir quand on n'a pas le statut de résident permanent. Les Canadiens français aux revenus modestes souhaitant se procurer un revenu d'appoint ont souvent recours au travail non déclaré. En 1980, après l'arrivée des Marielitos, les autorités américaines resserrent leurs enquêtes sur le travail clandestin, ce qui amène certains propriétaires canadiens-français à hésiter avant d'embaucher un ami ou un proche pour du travail à temps partiel[74]. L'année suivante, Louis Dupont et Marie Dussault estiment pourtant à 5000 sur 60 000 (8 %) le nombre d'hivernants québécois dans le sud-est travaillant dans le commerce d'un parent ou d'un ami. Au contraire de l'immigrant illégal qui doit travailler pour assurer sa subsistance, l'hivernant cherche plutôt à passer le temps ou à bonifier une pension de retraite insuffisante[75]. En 1986, des Canadiens français résidant en Floride sans statut officiel entameront les démarches pour obtenir leur citoyenneté, acceptant l'amnistie offerte par le président Ronald Reagan à trois millions de travailleurs illégaux.

---

[73] Liste des lieux et des heures des messes de 1989 à 2003, [2003], 2 p.; «Pensons à nos défunts», 18 janvier 2002, 2 p., dans APCCEFLW; Colette Beaudoin, *op. cit.*, p. 1.

[74] Entrevue avec Nicole Bureau, Lantana (Floride), 9 janvier 2008; Louis Dupont et Marie Dussault, *op. cit.*, p. 9-10.

[75] Louis Dupont, «Le déplacement et l'implantation de Québécois en Floride», *Vie française*, vol. 36, nᵒˢ 10-11-12, octobre-novembre-décembre 1982, p. 31; «A Reagan Legacy: Amnesty for Illegal Immigrants», *All Things Considered* (4 juillet 2010), National Public Radio [en ligne]: http://www.npr.org/templates/story/story.php?storyId=128303672, consulté le 14 juillet 2015; Denise Lefebvre, *op. cit.*, 29 mars 2013.

Au milieu des années 1990, Rémy Tremblay constate qu'il y a toujours un malaise entourant le travail au noir. Souvent, résidents et hivernants n'osent pas s'enquérir du statut de résidence de leur interlocuteur travaillant en Floride, au risque d'apprendre que celui-ci n'a pas ses «papiers». Certains entrepreneurs floridiens abuseraient d'ailleurs de la clandestinité de leurs employés, en les rémunérant inéquitablement. Lorsque la succursale Saint-Hubert à Fort Lauderdale ferme ses portes dans les années 1990, ce serait parce que des agents d'immigration y auraient découvert plusieurs employés québécois «sans papiers[76]». Malgré cela, racontent Robert Chodos et Eric Hamovitch, les Canadiens français sont rarement ciblés par les agents d'immigration, car ces résidents sont largement autosuffisants et sont très rarement mêlés à la criminalité[77]. Quand un résident rapporte le travail illégal d'un autre aux autorités, il s'agit souvent d'une rancune personnelle. Cela dit, ceux qu'on attrape subissent le même sort que les autres travailleurs illégaux : ils sont transportés à un centre de détention en attendant leur déportation, et sont ensuite interdits de séjour aux États-Unis.

L'enquête que nous avons réalisée auprès d'hivernants à Lake Worth révèle pourtant que près du quart travaille «souvent» pendant leur séjour hivernal et que cette proportion s'élève au tiers des répondants si l'on inclut des gens qui ont déjà travaillé au noir, d'habitude comme menuisier ou ménagère. Neuf répondants (41 %) reconnaissent qu'il est facile pour un hivernant de se trouver du travail «en dessous de la table[78]». La pratique serait même davantage répandue dans les années 2000 que dans les années 1980, mais un peu de prudence s'impose dans l'interprétation de ces données, puisqu'elles sont fragmentaires. Si les préjugés favorables à l'endroit des hivernants canadiens-français contribuent à faire en sorte qu'ils n'ont «pas de misère à se trouver de l'ouvrage[79]», ceux-ci craignent bien plus de perdre leur admissibilité à

---

[76] Rose Brousseau, *op. cit.*, 12 janvier 2008 ; Rémy Tremblay, *op. cit.*, p. 68.

[77] Robert Chodos et Eric Hamovitch, *Quebec and the American Dream*, Toronto, Between the Lines, 1991, p. 219.

[78] Serge Dupuis, «Sondage…», *op. cit.*, 44 p.

[79] Joseph Asselin, *op. cit.*, 9 janvier 2008.

l'assurance-maladie provinciale que de se faire déporter. Le travail au noir constitue une dimension importante de la vie des hivernants, soulignant du même coup leur intégration partielle à la société américaine.

L'importance du tourisme canadien en Floride a amené le gouvernement fédéral, dans le passé, à songer à la possibilité d'annexer un territoire subtropical pour en faire une destination hivernale « canadienne », capable d'attirer une part des nombreux touristes et hivernants et de recueillir les milliards de dollars qu'ils dépensent par année dans le Sud. L'idée remonte à la première vague de décolonisations – entre 1917 et 1931 –, pendant laquelle le premier ministre canadien Robert L. Borden a évoqué l'idée d'acquérir une colonie britannique des Antilles pour en faire une nouvelle province canadienne. Le gouvernement canadien s'est pourtant abstenu de poser des gestes en ce sens, craignant d'attiser les tensions raciales au Canada[80]. Le fruit n'apparaît pas plus mûr en 1981, alors qu'un comité parlementaire écarte de nouveau l'idée, toujours par crainte qu'elle bouscule l'équilibre social et attire de nombreux réfugiés économiques au Canada. La distance géographique du pays vis-à-vis du Sud convient plutôt bien à Ottawa, qui peut demeurer à l'abri d'une grande partie des crises de réfugiés que connaissent l'Europe méditéranéenne et les États-Unis. Le comité évoque aussi le risque que le Canada, en annexant un territoire, ait l'allure d'un empire en devenir. L'enjeu est abordé de nouveau par le gouvernement de Brian Mulroney, qui souligne la complexité (et le coût élevé) d'intégrer une population du second ou du tiers monde.

Au tournant des années 1980, le mouvement Richelieu encourage activement ses membres à faire du tourisme dans des régions francophones, comme les Antilles françaises, où il affilie des premiers clubs. Pourtant, il n'a jamais préconisé l'annexion d'un département outre-mer pour en faire une province canadienne[81], même si l'idée revient périodiquement sur la place publique. Un sondage réalisé en 2003 confirme qu'une majorité de Canadiens

---

[80] Godefroy Desrosiers-Lauzon, *op. cit.*, p. 222-223.
[81] Serge Dupuis, « Le passage... », *op. cit.*, p. 163.

sont favorables à la création d'une province canadienne dans le Sud[82]. En juin 2013, le député fédéral conservateur Peter Goldring, de l'Alberta, se rend aux Îles Turques-et-Caïques pour y rencontrer le premier ministre, Rufus Ewring, avec qui il explore la possibilité de faire de l'archipel de 600 km^2 et de 22 000 habitants la 11e province canadienne[83]. Toutefois, le gouvernement de Stephen Harper n'en fait pas une priorité, craignant sans doute les conséquences de l'ouverture d'une nouvelle manche de négociations constitutionnelles. Et il demeure que la Floride a l'avantage d'être accessible par voiture, ce qu'aucun territoire antillais ne pourrait offrir aux voyageurs potentiels…

En somme, ce sont les hivernants qui font dire à Desrosiers-Lauzon que les groupes ethniques réussissent un peu mieux à faire rayonner leur culture en Floride qu'ailleurs. En effet, la recomposition de communautés à caractère national, fort dynamiques par ailleurs, constitue un phénomène inattendu en fin de siècle. Les hivernants ont établi ou pris en charge des institutions et se sont appropriés un milieu, tout en partageant leur temps entre deux îlots de l'Amérique francophone. Temporaire certes, le contingent qui habite l'enclave se renouvelle d'année en année, recrutant toujours de nouveaux adeptes. Ces hivernants se sont créé un espace culturel et linguistique dans le sud-est pour des raisons climatiques, logistiques et économiques. Ils ont établi des liens de solidarité impressionnants, faisant de la Floride un espace qu'on ne peut plus ignorer dès qu'il est question de francophonie nord-américaine. La fréquentation de cette destination est devenue routinière, se transmettant même d'une génération à l'autre.

---

[82] Godefroy Desrosiers-Lauzon, *op. cit.*, p. 224.

[83] Tristin Hopper, «It's a whole new world': Could Turks and Caicos Be Like a Tiny Nunavut or Canada's 11th Province?», *The National Post*, 1er juillet 2013 [en ligne] : http://news.nationalpost.com/2013/07/01/its-a-whole-new-world-could-turks-and-caicos-be-like-a-tiny-nunavut-or-canadas-11th-province/, consulté le 14 juillet 2015.

CHAPITRE CINQ
LES DESCENDANTS

Je suis parti avec toi chéri
Dans mon vieux West de jour et nuit
De plus en plus de chaleur sur la route tranquille [...]
Tous ces kilomètres avec toi et moi
On file de Québec en Floride
Road trip torride

Amélie Veille et Cazabon, «Québec-Floride», 2012.

Une «succession étourdissante de migrations»: c'est ainsi que l'historien Raymond Mohl qualifie l'histoire moderne de la Floride[1]. Et les Canadiens français y ont joué un rôle important. Ce chapitre cherche à dresser un portrait des touristes et des hivernants qui, au tournant du XXIe siècle, perpétuent certaines habitudes de leurs parents et grands-parents tout en rompant avec d'autres; il veut aussi relater l'histoire des «descendants» (soit la deuxième génération) des résidents canadiens-français. Si la fragmentation des enclaves et l'acculturation des enfants des migrants marquent la Floride canadienne-française, nous assistons aussi au renouvellement de l'engouement pour cette destination,

---

[1] «*[M]uch of Florida's modern history can be read as a dizzying set of migrations*»: Raymond A. Mohl, «Review Essay: Ethnic Transformations in Late-Twentieth-Century Florida», *Journal of American Ethnic History*, vol. 15, n° 2, hiver 1996, p. 60.

vieille d'un siècle et demi, auprès des plus jeunes générations. L'apparition de tensions ponctuelles entre Américains et Canadiens français entraînent pourtant un léger recul dans l'appropriation de la région par ses résidents canadiens-français. Ces années sont donc remplies de paradoxes, entre la chute puis la reprise étonnante du tourisme canadien-français, entre la fragmentation puis le renouvellement des enclaves, entre l'acculturation des descendants canadiens-français et la croissance du nombre total de francophones en Floride. Nous pouvons en conclure que l'héritage laissé par les Canadiens français y est significatif, tout en demeurant marginal dans l'ensemble.

Les tensions interethniques et le renouveau du « rêve floridien »

L'émergence d'institutions catholiques et françaises à l'extérieur de la vallée laurentienne ne s'est pas faite sans heurts ; elle a provoqué des tensions avec la population majoritaire de langue anglaise. Ainsi, afin d'empêcher une progression trop rapide des collectivités de langue française sur leur territoire, plusieurs provinces, au tournant du XXᵉ siècle, ont interdit l'enseignement catholique ou en français dans les écoles sous leur juridiction. L'abrogation éventuelle de ces règlements a permis à ces populations de reprendre leur développement institutionnel, que ce soit en Acadie ou en Ontario, en plus de susciter un sentiment de solidarité chez les élites canadiennes-françaises de partout au pays. Ailleurs, dans des lieux plus anciens de migration plus minoritaires, plus éloignés du foyer laurentien, les aspirations à caractère national se sont effritées plus rapidement[2]. Si l'on a d'abord cherché à conjuger espace canadien-français et appartenance à la société majoritaire, ce compromis a éventuellement fini par céder à une intégration à la majorité.

Ce parcours correspond davantage à celui de la Floride, même s'il s'en distingue en raison de la présence importante d'hivernants et de touristes, ainsi que de l'époque plus tardive de la migration. Comme en Nouvelle-Angleterre, les tensions avec la population

---

[2] Jack Douglas Cécillon, *Prayers, Petitions and Protests. The Catholic Church and the Ontario Schools Crisis in the Windsor Border Region, 1910-1928*, Montréal / Kingston, McGill-Queen's University Press, 2013, 404 p. ; Yves Roby, *Les Franco-Américains de la Nouvelle-Angleterre. Rêves et réalités*, Sillery, Septentrion, 2000, 534 p.

majoritaire annoncent le déclin des espaces traditionnels. Étant donné l'absence d'école ou de paroisse de langue française, la majorité en Floride tend plutôt à entretenir des appréhensions à l'endroit des touristes et des hivernants. Même si la plupart des activités culturelles se poursuivent comme avant, les Canadiens français se font plus discrets. En fait, la désaffection des baby-boomers pour les associations et quartiers canadiens-français fréquentés par leurs parents est probablement à la source de la dispersion partielle des enclaves.

Les tensions interculturelles touchent d'abord la population hispanique, surtout après l'arrivée de 125 000 Marielitos. Ces tensions s'expriment dans un mouvement pour faire de l'anglais l'unique langue officielle de l'État, et amènent un redécoupage des circonscriptions en vue de minimiser le poids démographique des Latino-Américains, qui ne cessera pourtant de croître, passant de 12 % en 1990 à 23 % en 2010[3]. À Miami, il atteindra même 60 %, transformant lentement la ville en l'une des plus bilingues des États-Unis. Les Canadiens français ne sont pas à l'abri de ces tensions, leur présence vers 1990 s'élevant à un million de visiteurs, 110 000 hivernants et autant d'immigrants et de descendants[4]. Concentrée dans le sud-est, mais davantage dans le comté de Broward, la présence canadienne-française irrite certaines personnalités publiques. En 1986, le gérant de la Hollywood Chamber of Commerce accuse publiquement les commerçants québécois

---

[3] «DP-1. Profile of General Population and Housing Characteristics: 2010» + «Florida», American Fact Finder, United States Census Bureau [en ligne] : http://factfinder2.census.gov/faces/tableservices/jsf/pages/productview.xhtml?pid=DEC_10_113_113DP1&prodType=table ; Dario Moreno, «Florida: The Conservative Enclave Revisited», Florida International University (29 janvier 1998) [en ligne] : http://www2.fiu.edu/~morenod/scholar/1992.htm, consultés le 15 juillet 2015.

[4] Jon Nordheimer, «Canadians Who Find a Winter Haven in Florida Bring Separatism Along», *The New York Times*, 8 avril 1987 [en ligne] : http://www.nytimes.com/1987/04/08/us/canadians-who-find-a-winter-haven-in-florida-bring-separatism-along.html, consulté le 15 juillet 2015 ; Richard D. Tucker, Larry C. Mullins, Charles F. Longino Jr., Victor W. Marshall et François Béland, «Older Canadians in Florida: A Comparison of Anglophone and Francophone Seasonal Migrants», *Canadian Journal on Aging/ La revue canadienne du vieillissement*, vol. 11, n° 3, automne 1992, p. 281-299 ; Sylvain de Repentigny, «International Travel Survey. Canadian Residents 1980-1999. Data Selected: U.S. State Visits, Including En Route. Total U.S. State Visits Selected, U.S. Regions by U.S. States, 1 + Nights by Visits and Spending Less Fares. Florida 1980-1999», Statistique Canada, document inédit envoyé par courriel, 30 juillet 2007.

d'agir en mauvais citoyens dans leur entêtement à s'isoler dans des enclaves, à faire flotter le fleurdelisé et à refuser d'apprendre l'anglais[5]. De telles remarques désobligeantes, rares dans les années 1980, deviennent plus communes. En novembre 1991, un camionneur floridien fixe cet autocollant sur son parechoc: « *I would die happy if I didn't see another license plate from Quebec*[6]. » D'autres se montrent plus crus. En janvier 1992, le magazine *XS* de Fort Lauderdale publie le cliché d'un touriste dont les bourrelets débordent de son maillot serré. « *They're back! For locals, French Canadians represent the season's annual harvest of shame*[7] », clame la une.

Quelques observateurs y voient initialement des événements isolés, mais les heurts ne s'arrêtent pas là. Un animateur de radio à West Palm Beach accuse les Canadiens français de porter des maillots de bain trop serrés et d'agir en mauvais clients[8]. Il les invite même à quitter le sud-est pour de bon. Le Florida Department of Elderly Affairs envisage d'interdire aux hivernants canadiens l'accès à ses soupes populaires, mesure malgré tout ridicule, les Canadiens étant très peu nombreux à y avoir recours. En vue de récolter des millions de dollars en revenus additionnels, la moitié des comtés ajoutent une taxe de 2% à 3% sur la restauration, mesure qui affecte davantage les touristes, et ils imposent une hausse des taxes foncières aux résidents temporaires[9]. Certains politiciens, agacés par la présence de plaques d'immatriculation étrangères sur les routes, proposent d'obliger les hivernants à se procurer des plaques et un permis de conduire floridiens. D'autres

---

[5] Robert Chodos et Eric Hamovitch, *Quebec and the American Dream*, Toronto, Between the Lines, 1991, p. 216.

[6] *Ibid.*, p. 128.

[7] «They're Back!», *XS*, janvier 1992, p. 1, dans Normand Cazelais, «Les Québécois en Floride: des touristes du tiers-monde», *Le Devoir*, 16 janvier 1992, p. B5.

[8] Joe Capozzi, «WJNO Jokes About Canada; Few Laughing», *The Palm Beach Post*, 2 avril 1993, dans Historical Society of Palm Beach County Archives (HSPBCA), West Palm Beach (Floride), Fonds «Populations», vol. «Canadians in Florida»; Prior Smith, «Floridians Welcome the Canadian Snowbirds», *The Toronto Star*, 24 mars 1990, p. D3.

[9] Godefroy Desrosiers-Lauzon, *Florida's Snowbirds: Spectacle, Mobility, and Community Since 1945*, Montréal/Kingston, McGill-Queen's University Press, 2011, p. 40; Eric Jarvis, «Florida's Forgotten Ethnic Culture: Patterns of Canadian Immigration, Tourism, and Investment since 1920», *Florida Historical Quarterly*, vol. 21, n° 2, 2002, p. 188-194.

politiciens cherchent à calmer le jeu, rappelant qu'on aura du mal à maintenir la faveur des touristes et des hivernants pour la Floride si l'on s'en prend trop à eux. Surtout que leur présence bénéficie à la population locale, en contribuant à augmenter la diversité de services et d'emplois disponibles; par ailleurs, les hivernants canadiens font rarement appel aux services publics, la plupart d'entre eux obtenant leurs examens médicaux avant de partir du Canada, par exemple[10].

À l'occasion, le mépris dépasse la rhétorique. Pendant les hivers 1992 et 1993, des touristes et hivernants canadiens et canadiens-français sont victimes de vols, d'agressions ou de blessures par balle. En réplique, la presse canadienne, et principalement *La Presse* et le *Toronto Star*, produit une avalanche d'articles qui soulignent – et exagèrent parfois – la violence, les tensions raciales et les iniquités économiques en Floride[11]. Lorsque Marc Nadeau, un cadre chez Air Canada en visite chez ses parents à Lake Worth, se rend au dépanneur local le soir du 30 décembre 1992, un voleur l'arrête, lui demandant d'abord son portemonnaie avant de lui tirer dessus. Si son père, atteint par balle à l'épaule, et le petit-fils de cinq ans, réussissent à s'enfuir, Nadeau perd la vie dans cet incident[12]. Les médias au Canada rapportent abondamment cette histoire, allant jusqu'à dépeindre «*a growing controversy over violence and prejudice toward French Canadians in the area*[13]». L'accusé sera éventuellement reconnu coupable du meurtre et condamné à

---

[10] Charles F. Longino Jr., Victor W. Marshall, Larry C. Mullins et Richard D. Tucker, «On the Nesting of Snowbirds: A Question about Seasonal and Permanent Migrants», *Journal of Applied Gerontology*, vol. 10, n° 2, juin 1991, p. 165.

[11] Richard Hétu, «La mort sous les palmiers», *La Presse*, 22 septembre 1993, p. A1; Paul Hunter, «Fourth Canadian Tourist Shot Defending Wife from Florida Gang», *The Toronto Star*, 12 février 1993, p. A2.

[12] «Court Declares Partial Mistrial for a Man Convicted in Slaying of Canadian Tourist», *The Edmonton Journal*, 24 septembre 1993, p. A5; «Partial Mistrial Declared in Case of Slain Canadian», *The Windsor Star*, 24 septembre 1993, p. A7; «Québécois tué par un voleur en Floride», *Le Soleil*, 31 décembre 1992, p. A1; «Vacationing Air Canada Executive Shot Dead in Florida Robbery as 5-year-old Son Watches», *The Ottawa Citizen*, 31 décembre 1992, p. A3.

[13] «Thugs Rob Canadians in Florida», *The Edmonton Journal*, 6 février 1993, p. A10.

80 ans de prison[14]. Le journaliste à *La Presse*, Richard Hétu, a cou-
vert le procès dans une série d'articles intitulée «La mort sous les
palmiers», diffusée en une. Les médias contribuent ainsi à façonner les mentalités vis-à-vis de la Floride, que Hétu décrit comme
«un autre monde [...] déroutant». Les parents du défunt conti-
nueront pourtant de la fréquenter, estimant qu'il est impossible
d'être entièrement à l'abri de la violence, où qu'on vive.

Cette attitude ne tient cependant pas compte de la multiplication du nombre d'incidents impliquant des Québécois à ce
moment-là. En novembre 1993, deux d'entre eux sont blessés par
balle à un relais d'essence tandis que d'autres compatriotes sont
victimes de comportements agressifs sur les autoroutes. Le *Miami
Herald* présente cette criminalité comme une conséquence de la
pauvreté endémique aux États-Unis, qu'on devrait dissocier de
l'ethnie des malheureux[15]. Le Palm Beach County Convention
and Visitors Bureau tâche de remédier à la situation en distribuant
des autocollants pour parechocs clamant «*Palm Beach County, Best
of Everything, Welcomes Canadians*[16]». La rhétorique négative et les
tragédies atteignent pourtant le Canada, de toute évidence, le taux
de fréquentation canadienne de la Floride chutant de 32 % entre
1992 et 1995.

Ces événements tragiques sont révélateurs de l'épuisement de la
société floridienne en raison des excès de l'urbanisation, de la commercialisation et du tourisme. Les premières démarches pour frei-
ner le développement urbain et industriel sont effectuées et les
environnementalistes remportent une victoire en 1985 avec
l'adoption du *Growth Management Act*. L'État cherche ainsi à favoriser la densification urbaine et, peut-être paradoxalement, à

---

[14] Richard Hétu, «La mort sous les palmiers: Le meurtrier de Marc Nadeau finira-t-il sur
la chaise électrique?», *La Presse*, 21 septembre 1993, p. A1; Richard Hétu, «La mort sous
les palmiers: Fin d'un voyage au bout de nulle part», *La Presse*, 23 septembre 1993, p. A1;
Richard Hétu, «La mort sous les palmiers: Le procès de Kirby Chastine avorte!», *La Presse*,
24 septembre 1993, p. A1; Richard Hétu, «Le meurtrier de Marc Nadeau finira ses jours en
prison», *La Presse*, 30 août 1995, p. A1.

[15] Martin Pelchat, «Le meurtrier de Marc Nadeau risque la peine de mort», *La Presse*, 4
septembre 1993, p. A3; [s.t.], *Miami Herald*, 1993, dans «Florida May Have Beaten Image
Woes», *The Windsor Star*, 8 juillet 1993, p. A8; Sylvain de Repentigny, *op. cit.*, 30 juillet
2007.

[16] Joe Capozzi, *op. cit.*, 2 avril 1993.

inciter l'établissement de plus de résidents permanents[17]. En attirant davantage de travailleurs qualifiés, en particulier dans le secteur des technologies, on espère alléger la dépendance au tourisme. Entre 1980 et 2014, la population de la Floride double, passant de 9,7 millions à 19,9 millions[18], dépassant New York pour devenir le troisième État le plus populeux, après la Californie et le Texas. Malgré tout, l'État ne gagne pas son pari de circonscrire l'étalement urbain.

Si les accrochages sont moins nombreux (ou moins médiatisés) pendant une dizaine d'années, le refus du Canada, à l'hiver 2003, de participer aux côtés des États-Unis à la Guerre en Irak, conflit qui suscite la controverse, entraîne de nouvelles frictions. Après que le premier ministre Jean Chrétien en a fait l'annonce, une station radiophonique près de Port Charlotte annule la diffusion quotidienne d'une émission d'actualités canadiennes, après 26 ans de diffusion continue, le directeur justifiant sa décision en affirmant que l'Amérique a mieux à faire que de parler du Canada en période de guerre. Le lendemain, l'hymne national canadien est hué lors d'un match de hockey à Sunrise entre les Panthères de la Floride et les Sénateurs d'Ottawa[19]. Des garagistes refusent de vendre de l'essence à des automobilistes canadiens et d'autres «patriotes» demandent que les drapeaux canadien et québécois soient retirés des espaces publics. Après une journée à la plage, le sénateur Roch Bolduc retourne à sa voiture, pour s'apercevoir que les pneus ont été crevés.

Ces événements ne redorent pas l'image de la Floride au Canada. Au moment où les résidents permanents souhaitent restreindre le nombre de touristes et de résidents temporaires, ils se rendent aussi compte à quel point la stabilité économique de la péninsule dépend de leur présence. La Floride doit ménager la chèvre et le

---

[17] Godefroy Desrosiers-Lauzon, *op. cit.*, p. 127, 141-146.

[18] «Florida», State and County Quick Facts, United States Census Bureau [en ligne]: http://quickfacts.census.gov/qfd/states/12000.html, consulté le 15 juillet 2015.

[19] Elizabeth Bower, «Snowbird Show Booted Off the US Airwaves», *The Lindsay Daily Post*, 24 mars 2003, p. 10; Anne Dawson, «Quebec Senator's Tires Pierced in Florida», *The National Post*, 29 mars 2003, p. A12; Juliet O'Neill et Alan Hustak, «Backlash Heats up South of the Border: Canadians Reap Criticism for War Stance», *The Calgary Herald*, 26 mars 2003, p. A5.

chou, endiguer l'expansion urbaine tout en continuant d'accueillir les touristes. L'État met sur pied un conseil de représentants de l'industrie touristique et crée l'agence Visit Florida en vue de combattre l'attrait grandissant des destinations exotiques que sont les Antilles et l'Amérique centrale. En juillet 2003, c'est au tour du gouverneur Jeb Bush de descendre à Toronto pour promouvoir le tourisme dans son État[20]. Sa visite signale l'urgence de la situation, le nombre de visiteurs canadiens ayant reculé de quelques centaines de milliers après le 11 septembre 2001 ; or le tourisme canadien ne s'était pas encore remis des événements de 1992-1993[21]. À l'automne 2004, Visit Florida lance une campagne publicitaire en Ontario, qui joue sur le contraste entre les hivers maussades de Toronto et le soleil hivernal d'une plage en Floride ; on a beau souligner les maux qui affligent Miami, la différence climatique entre cette destination et la Ville-Reine en janvier demeure remarquable.

Des chefs de file de l'industrie touristique craignent la décision de Washington d'exiger, à partir de 2007, des passeports pour tout visiteur canadien, alors qu'un document gouvernemental avec identification photographique avait toujours suffi. Pourtant, 43 % des Canadiens en détiennent déjà un[22] ; cette mesure a donc une incidence à peu près nulle sur le tourisme en provenance du Canada. À la même époque, en raison de la crise économique qui sévit (2007-2009), le dollar canadien est à parité avec la devise américaine pendant quelques années. Le climat et le portemonnaie étant au rendez-vous, l'amertume suscitée par les épisodes violents

---

[20] Doreen Hemlock, «State Mission Visits Toronto», *The Sun-Sentinel*, 10 juillet 2003 [en ligne] : http://articles.sun-sentinel.com/2003-07-10/business/0307090814_1_trade-partner-jeb-bush-toronto-board, consulté le 15 juillet 2015 ; Godefroy Desrosiers-Lauzon, *op. cit.*, p. 41-45.

[21] «Voyages effectués par les Canadiens vers les États-Unis, 15 principaux États visités (2012)», Statistique Canada [en ligne] : http://www.statcan.gc.ca/tables-tableaux/sum-som/l02/cst01/arts39a-fra.htm, consulté le 15 juillet 2015 ; Joanne Laucius, «Florida Ads to Use "Misery Factor" to Lure Torontonians», *The National Post*, 6 décembre 2004, p. A2.

[22] «Moyenne annuelle des taux de change[,] Ottawa, 2007, Moyenne de 251 jours», Banque du Canada [en ligne] : http://www.banqueducanada.ca/stats/assets/pdf/nraa-2007.pdf ; «Moyenne annuelle des taux de change[,] Ottawa, 2012, Moyenne de 251 jours», Banque du Canada [en ligne] : http://www.banqueducanada.ca/stats/assets/pdf/nraa-2012.pdf, consultés le 15 juillet 2015 ; Anne Sutherland, «No Documents? No Entry to U.S.», *The Gazette*, 24 janvier 2008, p. A2 ; «Voyages effectués», *op. cit.*, 15 juillet 2015.

est vite oubliée, et le nombre de touristes canadiens double entre 2002 et 2012 pour atteindre un sommet record de 3,6 millions. «Assez méridionale pour qu'y poussent les palmiers», constate une journaliste de *La Presse*, «assez proche pour s'y rendre en voiture (au terme de 27 ou 28 heures de route au départ de Montréal), à la fois familière et exotique, la Floride reste une destination hivernale populaire[23].» L'accessibilité financière et la familiarité lui donnent un avantage sur les autres destinations balnéaires. Les liaisons aériennes directes au départ de Toronto, d'Ottawa et de Montréal, mais aussi des aéroports frontaliers que sont Plattsburgh, Buffalo et Detroit vers Orlando, Tampa et Fort Lauderdale augmentent à compter de l'automne 2003, alors que le prix des vols diminue[24]. Walt Disney World redevient la destination étrangère la plus populaire des Québécois en 2008 et les guides de voyage Ulysse lui consacrent même un ouvrage. Les Québécois ne sont cependant pas les seuls à visiter ce pôle touristique, le nombre de touristes grimpant de 43 à 53 millions entre 2000 et 2013[25]. Décidément, la Floride reprend du poil de la bête. Preuve d'une nouvelle ouverture aux Canadiens, un représentant du Nevada insère dans un projet de loi en 2013 une provision qui aurait permis – le projet omnibus n'a pas reçu la sanction du Sénat – aux détenteurs canadiens d'une propriété ou d'un bail de résider jusqu'à huit mois aux États-Unis[26].

---

[23] Louise Gaboury, «Les Québécois fidèles à la Floride», *La Presse*, 26 janvier 2002, p. H1.

[24] «CanJet Airlines offrira de nouveaux services», *Le Droit*, 7 août 2003, p. 17 ; Claude Morneau, «Le blogue Disney World et la Floride», Guides Ulysse [en ligne]: http://blogues. guidesulysse.com/Disney-World-Floride/, consulté le 15 juillet 2015 ; Gary Mormino, *State of Sunshine, Land of Dreams: A Social History of Modern Florida*, Gainesville, University of Florida Press, 2005, p. 104 ; Tamara Gignac, «WestJet Adds Flurry of Seasonal Flights South of Border», *The Calgary Herald*, 7 juillet 2006, p. E3.

[25] «Walt Disney World», Wikipédia [en ligne]: http://en.wikipedia.org/wiki/Walt_ Disney_World, consulté le 15 juillet 2015.

[26] «A Chilly Welcome: Congress Protects America from Canadian Pensioners», *The Economist* (8 mars 2014) [en ligne]: http://www.economist.com/news/united-states/21598680-congress-protects-america-canadian-pensioners-chilly-welcome, consulté le 15 juillet 2015.

La dispersion et la résilience des enclaves canadiennes-françaises

Le recul du tourisme québécois en Floride et le changement des attitudes à l'endroit de la destination contribuent à y fragiliser les enclaves canadiennes-françaises. Certains expatriés donnent même raison aux critiques, avançant que les Québécois, n'étant pas chez eux, devraient se faire plus discrets. Dans les semaines qui suivent les attentats du 11 septembre 2001, le notaire Louis St-Laurent III (et petit-fils de l'ancien premier ministre canadien) fait paraître une profession de foi, qu'il croit commune à tous les Québécois, au fédéralisme et à l'égalité des chances[27]. Selon *Le Soleil de la Floride*, certaines critiques formulées à l'endroit des touristes québécois sont peut-être justifiées, par exemple lorsqu'ils font mine d'ignorer que le pourboire coutumier s'élève à 18 % ou 20 % en raison des salaires plus faibles, et non à 10 % ou 15 %, comme au Canada. Ainsi, certains parmi les immigrants cherchent à réhabiliter l'image des Québécois, en soulignant les valeurs « partagées » entre Nord-Américains.

Nos entrevues avec des hivernants à Palm Beach en 2008 et 2009 confirment cette impression que, n'étant pas chez eux en Floride, ils sentent désormais l'obligation d'être plus discrets dans leurs manifestations, de « faire à Rome comme les Romains[28] », aux dires d'Albert Savoie, et de ne pas trop gêner l'infrastructure locale. D'autres estiment que leur séjour aux États-Unis les amène à mieux comprendre les aspirations des Américains[29]. Le sondage souligne également la persistance de préjugés défavorables à l'endroit des Américains, souvent perçus comme étant asociaux, pressés, paresseux, nonchalants, fondamentalistes, intolérants, superficiels, narcissiques et même avares[30]. Plusieurs des répondants entretiennent plus d'un préjugé et, par conséquent, ne semblent pas pressés d'adopter la culture américaine.

---

[27] Godefroy Desrosiers-Lauzon, *op. cit.*, p. 192-196.

[28] Entrevue avec Albert Savoie, Greenacres (Floride), 7 janvier 2009.

[29] Entrevue avec Jeannette Dalcourt, Greenacres (Floride), 7 janvier 2008 ; entrevue avec Blaise Plouffe, Boynton Beach (Floride), 8 janvier 2009.

[30] Serge Dupuis, *op. cit.*, 44 p. ; Danielle Jean, *op. cit.*, 9 janvier 2009.

Serge Dupuis, La Clinique Soleil and Urgent Care Centre,
Hollywood (Floride), 22 avril 2014.

Serge Dupuis, Desjardins Bank, Lauderhill (Floride), 16 avril 2014.

Cette réticence semble s'étendre à l'ensemble des enclaves d'hivernants canadiens-français, qui se font elles aussi plus discrètes. Pendant les décennies 1990 et 2000, certaines d'entre elles se dispersent, alors que d'autres maintiennent leur caractère et que quelques nouvelles colonies émergent plus au nord. Les immigrants et les hivernants canadiens-français sont moins concentrés à Hollywood, Lake Worth et Surfside en 2010 qu'ils ne l'étaient en 1990. Si le quartier canadien-français près de la plage et de la Sheridan Avenue à Hollywood bourdonnait de vie dans les années 1980 et 1990, Rémy Tremblay constate son effritement après la démolition, dans le cadre d'un projet de revitalisation du littoral en 2000, de plusieurs commerces québécois, dont le Café Frenchie's, sur le Broadwalk. Les immigrants québécois y voient une décision du conseil municipal pour faire place à de nouveaux complexes de condominiums, destinés à accueillir des touristes plus aisés, voire plus cultivés[31]. On croit alors que l'avenir du quartier québécois d'Hollywood «ressemblera probablement à celui des autres communautés canadiennes-françaises des États-Unis[32]».

S'il y a dispersion de cette enclave, il n'y a pas disparition des parcs hivernants pour autant. À l'hiver 2004-2005, l'anthropologue Célia Forget marche dans les traces de Tremblay et constate la présence de touristes, d'hivernants et d'immigrants dans l'espace public. Cette «goutte francophone dans un océan anglophone» dispose d'une gamme élevée de services en français (des médecins aux détaillants) ainsi que d'un aéroport (Hollywood-Fort Lauderdale International) qui offre de nombreuses liaisons quotidiennes avec Montréal et Toronto, ou hebdomadaires avec Québec et Ottawa[33]. Spécialistes français et haïtiens font désormais partie de réseaux offrant des services en français aux Québécois et aux autres francophones. On compte aussi de nombreuses agences immobilières portant des noms comme Canada Realty Inc. ou Québec Realty Inc. Forget constate cependant que les hivernants, et surtout ceux qui passent l'hiver en motorisé, n'ont pas conscience de prendre part à la reproduction d'un espace canadien-français,

---

[31] Rémy Tremblay, «Le déclin de Floribec», *Téoros*, vol. 22, n° 2, été 2003, p. 66.

[32] Rémy Tremblay, «Un modèle pour comprendre le cycle de vie de communautés touristiques transnationales», *Revue organisations et territoires*, vol. 13, n° 3, automne 2004, p. 82.

[33] Célia Forget, «Floribec: le patrimoine culturel québécois en Floride», *Ethnologie française*, vol. 40, n° 3, 2010, p. 474-475; Michel Séguin, *Magazine Carrefour Floride*, vol. 11, n° 4, février 2015, p. 8-86.

même s'ils s'entendent pour dire qu'il existe, pendant l'hiver, un « Petit Québec » concentré à Hollywood.

> C'est à travers le langage que les campeurs s'identifient et préservent leur microcosme. Tout va être fait pour éviter autant que possible le recours à la langue anglaise, que beaucoup ne maîtrisent pas ou peu. Cette barrière linguistique limite les contacts avec la population locale américaine, et rares sont les campeurs québécois à développer des relations, plus ou moins éphémères, avec des locaux. Même au sein des campings, ils ne développent que très rarement des relations avec leurs voisins américains, en dehors de bonjours courtois [...] La plaque d'immatriculation québécoise fait ainsi appel à une double réalité territoriale : un enracinement au Québec et une mobilité liée au véhicule sur lequel elle est apposée, qui, hors de la province, prend tout son sens[34].

D'ailleurs, la Floride maintient son emprise au Québec, où l'on y réfère tout simplement comme « le Sud ». Forget se dit toutefois incertaine de la durée de vie de cette enclave, qui pourrait un jour se déplacer vers le Texas ou le Mexique (où le coût de la vie est moins élevé), vu le faible enracinement sur le territoire floridien.

Une dispersion semblable s'est d'ailleurs produite à Lake Worth. En 1973, les immigrants canadiens-français étaient concentrés à l'ouest du centre-ville. Trente ans plus tard, les 250 membres du Club canadien-français de Lake Worth (CCFLW) habitent surtout six secteurs (Boynton Beach, Greenacres, Lake Worth, Lantana, Palm Springs et South Palm Beach), aucun de ces secteurs n'agissant comme pôle d'attraction principal[35]. Conséquence de la gentrification du centre-ville et de l'étalement urbain vers des banlieues éloignées de la mer, la messe en français s'est déplacée en 2002 vers une paroisse de Greenacres et les soirées dansantes du CCFLW se tiennent depuis 2005 dans une salle communautaire de Palm Springs. D'anciens « châteaux forts » de la présence hivernante canadienne-française, dont le parc Lake Worth Village, se sont

---

[34] Célia Forget, *op. cit.*, p. 480, 482.

[35] «Certificate of Incorporation of Club Canadien Français D'Amerique Incorporated», 30 août 1973, p. 7, dans Florida Department of State Archives, Tallahassee (Floride), Fonds «NP 27325»; «Club canadien-français de Lake Worth 2003-2004, Liste de membres actifs», 17 février 2003, 12 p., dans Archives privées du Club canadien-français de Lake Worth (APCCFLW), Lake Worth (Floride).

aussi désagrégés. Un changement de vocation du parc a amené plusieurs familles pauvres (latino-américaines et afro-américaines surtout) à s'y installer et entraîné le départ de Canadiens français, qui formaient jusqu'alors l'écrasante majorité des résidents[36]. En janvier 2009, seulement une dizaine des 300 résidences appartient toujours à des Québécois, des Franco-Ontariens ou des Acadiens. Certains parmi les anciens, dont une hivernante de Long-Sault (Ontario), gardent un souvenir amer des dernières années dans le parc, vécues entourés de «familles de toutes races et de toutes conditions» qui auraient miné leur statut de résidents «honorés et respectés[37]». Avant la «race» pourtant, il semble que ce soit surtout la classe sociale des nouveaux résidents qui déplaise aux hivernants qui, sans être riches, sont assez rarement pauvres.

Ce déclin ne touche pas tous les parcs à forte proportion canadienne-française. Par exemple, seuls 4 des 275 condominiums formant le Trinity Towers d'Hollywood appartiennent à des Américains en 2005; et les annonces internes s'y font en français d'abord. La même chose peut être constatée, huit ans plus tard, au parc Breezy Hill RV Park de Pompano Beach[38]. Le parc Palm Beach Mobile Homes, quant à lui, accueille une faible majorité d'hivernants canadiens-français. Au tournant des années 2010, le parc organise toujours une panoplie d'activités en français, dont des soirées dansantes, des parties de marelle, des matchs de galet sur gazon, des leçons de natation et des parties de pétanque. Le renouvellement de ces enclaves, vu l'âge avancé des résidents, est continuel, et le développement des amitiés et de l'esprit de quartier s'y portent plus rondement que dans une localité nord-américaine typique.

Au plan associatif, le Club canadien-français de Lake Worth

---

[36] Gaëtane Vendette, «Ma vision de Lake Worth Village», dans Thérèse St-Amour (dir.), *Récits de la Floride*, Delray Beach (Floride), The Printing Office, 2006, p. 17-19; Thérèse St-Amour, *op. cit.*, p. 15.

[37] Marie-Thérèse Brazeau, «Prendre sa retraite au Paradis... sur terre», dans Thérèse St-Amour, *op. cit.*, p. 21-22.

[38] «January 2009 Calendar of Activities Palm Beach Mobile Homes» [automne 2008], dans APCCFLW; entrevue avec Rollande Asselin, Lake Worth (Floride), 11 janvier 2009; Sandrine Vincent, «"Snowbird": quand les Québécois envahissent la Floride», *Night Life* (16 octobre 2013) [en ligne]: http://www.nightlife.ca/2013/10/16/snowbird-quand-les-quebecois-envahissent-la-floride, consulté le 15 juillet 2015; Célia Forget, *op. cit.*, p. 481.

(CCFLW), nouveau nom du CCFA depuis 1996, accuse un déficit, qui gruge une part du capital accumulé en vue de doter l'association d'un édifice[39]. Le CCFLW attire 169 membres à son assemblée générale de février 2004. Certains déplorent le manque d'effort des administrateurs dans le recrutement, alors que d'autres soulignent les difficultés qu'éprouve le club à attirer et à retenir les baby-boomers à la retraite, moins enclins que leurs parents à vivre en communauté[40]. Cet écart générationnel, doublé d'un recul général dans la participation, se fait aussi sentir aux messes en français. En 2002, on déplace la messe de la paroisse Sacred Heart vers un ancien restaurant Pizza Hut, converti en paroisse maronite[41]. La baisse des ventes de livrets *Prions en Église* confirme ce recul, celles-ci passant d'une moyenne de 250 exemplaires par messe en 1995-1996 à environ 125 exemplaires en 2002-2003. La fréquentation demeure toutefois stable 10 ans plus tard, avec plus d'une centaine de fidèles par semaine. Célia Forget constate d'ailleurs, à l'occasion d'une messe de Noël tenue dans une paroisse d'Hollywood en 2004, qu'il est « difficile de ne pas se croire au Québec » : « Les seules différences susceptibles de rappeler que cette messe se déroul[e] bel et bien en Floride concern[e] les tenues vestimentaires, les Floribécois portant des tenues légères adaptées aux températures locales[42]. » Certains attribuent la baisse de fréquentation

[39] Georgette Gamache, «Ass. générale tenue le 15 février 2004 au Casino Ball Room sous la présidence d'Albert Savoie à 4 h 30» [15 février 2004], 2 p.; Albert Savoie et Gaëtan Picard, «Club Canadien-Français de Lake Worth Inc. Bilan financier 2004», février 2005, dans APCCFLW.

[40] Maurice Ouellette, dans «Assemblée générale tenue le 13 février 2000 à la salle "Casino Ball room" L.W.» [13 février 2000], 2 p.; Georgette Gamache, «Assemblée du 15 fév. 2000 chez Hector Joubert» [15 février 2000], 2 p.; Georgette Gamache, «Assemblée du 6 janv. 2004 chez Albert Savoie» [22 juillet 2004], 2 p.; Georgette Gamache, « 1re ass. automne 2004 chez Albert Savoie» [novembre 2004], 2 p., dans APCCFLW; Éric Robitaille, «Maurice Ouellette en Floride», *Quelque part entre la 11 et la 17* (19 décembre 2006), Première chaîne de Radio-Canada, Nord de l'Ontario.

[41] «Prions en Église [1995-2003]» [2003]; Colette Beaudoin, Anne-Marie Groulx et Roger Groulx, *Historique de la Communauté catholique d'expression française de Lake Worth*, janvier 2008, p. 2, dans Archives privées de la Communauté catholique d'expression française de Lake Worth (APCCEFLW); «Mary, Mother of the Light Maronite Catholic Church», Google Maps [en ligne]: http://goo.gl/maps/ITPvH, consulté le 22 juillet 2015; Serge Dupuis, «Sondage auprès des Canadiens français de Palm Beach», document inédit, janvier 2008, 44 p.; entrevue avec Maurice Ouellette, Palm Springs (Floride), 5 janvier 2009.

[42] Célia Forget, *op. cit.*, p. 478-479.

des activités publiques à la dispersion des enclaves canadiennes-françaises du sud-est ; d'autres blâment l'accès croissant à Internet chez les hivernants pendant la décennie 2000…

La Floride canadienne-française n'est pas en déclin dans toutes ses facettes, de nouvelles associations y voyant le jour. En 1998, un agent immobilier de Québec, Jacques Drouin, s'installe à West Palm Beach et constate l'absence dans le comté d'une organisation pour les immigrants comme lui. En 2004, il fonde le premier mensuel de langue française du comté, le *Palm Beach en français*, et en 2007, un club d'activités sociales, le Club FrancosUnis (CFU)[43]. Ce baby-boomer n'y organise ni soirée dansante ni piquenique traditionnel, mais des parties de golf, des soupers gastronomiques, des conférences, un club de lecture et de films de langue française, ainsi que des cours d'anglais et d'espagnol. Le cercle semble s'orienter principalement vers les goûts et les besoins des baby-boomers « francophones » de la classe moyenne et des strates sociales aisées. Si le remède est différent, le problème de combattre l'ennui de sa patrie par la « compagnie des gens qui partagent une langue et des racines communes[44] » ressemble à celui des générations antérieures. Après une seule saison, le club compte 480 membres[45]. Les organisateurs voient grand et espèrent un jour élargir le club aux Canadiens « francophones » de la Floride entière.

Au départ, le *Palm Beach en français* est distribué gratuitement à 2000 foyers francophones du comté, et la liste d'envoi croît à

---

[43] Entrevue avec Jacques Drouin, Greenacres (Floride), 9 janvier 2009 ; Jacques Drouin, « Nous voulons savoir », *Palm Beach en français*, vol. 3, n° 3, printemps 2007, p. 1 [en ligne] : http://www.palmbeachenfrancais.com/index.php/archives/saison-2006-2007-vol-3/vol-3-3 ; Jacques Drouin, « Les activités à venir », *Palm Beach en français*, vol. 4, n° 2, décembre 2007, p. 3 [en ligne] : http://www.palmbeachenfrancais.com/index.php/archives/saison-2007-2008-vol-4/vol-4-2 ; Danielle Jean et Jacques Drouin, « Le Club FrancosUnis », *Palm Beach en français*, vol. 4, n° 1, automne 2007, p. 1 [en ligne] : http://www.palmbeachenfrancais.com/index.php/archives/saison-2007-2008-vol-4/vol-4-1, consultés le 15 juillet 2015.

[44] Danielle Jean, *op. cit.*, p. 1.

[45] Jacques Drouin, « Chronique immobilière », *Palm Beach en français*, vol. 4, n° 4, printemps 2008, p. 1 [en ligne] : http://www.palmbeachenfrancais.com/index.php/archives/saison-2007-2008-vol-4/vol-4-4, consulté le 15 juillet 2015.

5000 adresses en 2007[46]. Il s'agit d'un outil de recrutement et de promotion pour attirer les francophones du comté vers l'agence immobilière de Drouin. Le Club FrancosUnis rejoint aussi « beaucoup de Canadiens français de l'Ontario, de Québécois et quelques [Acadiens] du Nouveau-Brunswick[47] », selon Danielle Jean, la cogestionnaire du CFU. Cet effort de rassemblement rappelle ceux des élites nationalistes d'antan. Le club utilise le vocable « francophone », le terme « canadien-français » comportant désormais une connotation négative chez plusieurs québécois alors que le vocable « québécois » n'englobe pas les minorités canadiennes-françaises. « On se l'est fait dire![48] », reconnaît Jean. Les organisateurs produisent de nombreuses chroniques sur la protection des propriétés foncières durant les mois d'inoccupation et sur le droit de l'immigration, semblablement aux journaux des années précédentes.

Si la dispersion des enclaves canadiennes-françaises est notable, les contacts extérieurs ne mènent pas droit à l'intégration à la culture américaine. L'existence de multiples lieux d'expression française contribue au maintien de la vitalité du milieu, même si l'effort au quotidien en ce sens devient plus imposant. Si les Canadiens français de Palm Beach sont plus dispersés, ils peuvent compter en 2010 sur des services en français chez une trentaine d'entrepreneurs (français, haïtiens, québécois), dans un comté où Tremblay n'en avait recensé que deux en 1994. On y trouve une agente de voyage, un assureur, un comptable, un dentiste, un médecin, un menuisier, une pharmacienne, une physiothérapeute,

---

[46] « Le retour des "snowbirds" », *Palm Beach en français*, vol. 2, n° 1, septembre-octobre 2005, p. 2 [en ligne] : http://www.palmbeachenfrancais.com/index.php/archives/saison-2005-2006-vol-2/vol-2-1 ; Jacques Drouin, « Préparer sa propriété pour une absence prolongée », *Palm Beach en français*, vol. 1, n° 4, mars-avril 2005, p. 1 [en ligne] : http://www.palmbeachenfrancais.com/index.php/archives/saison-2004-2005-vol-1/vol-1-4 ; Christine Marchand-Manze, « Le mandat d'inaptitude québécois et sa validité en Floride », *Palm Beach en français*, vol. 2, n° 3, janvier-février 2006, p. 3 [en ligne] : http://www.palmbeachenfrancais.com/index.php/archives/saison-2005-2006-vol-2/vol-2-3, consulté le 15 juillet 2015.

[47] Entrevue avec Danielle Jean, Greenacres (Floride), 9 janvier 2009.

[48] *Ibid.*

des agents immobiliers, quelques entraîneurs, deux coiffeurs, deux décoratrices, quatre boulangers et six restaurateurs[49].

Œuvrant en immobilier, Jacques Drouin constate que les baby-boomers sont «plus indépendants quant à l'entourage»: plusieurs se procurent une roulotte, un condominium ou une maison à leur goût, qu'elle soit ou non dans un parc ou un quartier francophone. «Ils achètent volontiers dans des communautés diverses,» déclare-t-il dans une chronique immobilière, «sur la mer, le canal ou sur un [terrain de] golf et ne se préoccupent pas tellement d'[habiter] un environnement francophone[50]». Cette dispersion fait écho à l'évolution que connaît l'Ontario français à partir des années 1960. Si les Franco-Ontariens fréquentent toujours certains «espaces d'enracinement», comme les quartiers et les institutions tradition-nels (la Basse-Ville d'Ottawa ou le Moulin-à-Fleur de Sudbury, par exemple), ils sont désormais éparpillés dans des quartiers variés et vivent un bilinguisme plus prononcé au quotidien[51]. Une telle évolution semble avoir cours à Hollywood et à Lake Worth, ce qui mène à l'éclatement de l'espace francophone, malgré la hausse du nombre de visiteurs et de services offerts. Les francophones conti-nuent de fréquenter certains lieux, dont la plage, la salle de bal communautaire, le parc John Prince, la paroisse Mary, Mother of the Light, mais sans nécessairement y vivre, signe du caractère éva-nescent de la Floride canadienne-française...

Au plan régional, la présence francophone demeure importante. Dans le comté de Broward, les 14 546 résidents permanents canadiens-français, dont 45 % ont vu le jour au Canada, sont moins portés à habiter près du Broadwalk qu'autrefois, et se retrouvent principalement dans sept quartiers de Fort Lauderdale,

---

[49] «Bottin d'affaires dans Palm Beach», *Palm Beach en français*, vol. 1, n° 3, janvier-février 2005, p. 4; *Palm Beach en français*, vol. 2, n° 2, novembre-décembre 2005, p. 4; *Palm Beach en français*, vol. 3, n° 2, hiver 2007, p. 4; *Palm Beach en français*, vol. 3, n° 3, printemps 2007, p. 4; *Palm Beach en français*, vol. 2, n° 2, automne 2007, p. 4; *Palm Beach en français*, décembre 2007, vol. 4, n° 2, p. 6; *Palm Beach en français*, vol. 4, n° 3, février 2008, p. 4 [en ligne]: http://www.palmbeachenfrancais.com/archives, consultés le 15 juillet 2015; Rémy Tremblay, *Floribec*, p. 27.

[50] Jacques Drouin, «Chronique immobilière», *Palm Beach en français*, vol. 4, n° 4, printemps 2008, p. 2 [en ligne]: http://www.palmbeachenfrancais.com/index.php/archives/saison-2007-2008-vol-4/vol-4-4, consulté le 22 juillet 2015.

[51] Anne Gilbert, *Espaces franco-ontariens*, Hull, Le Nordir, 1999, p. 163, 182-183.

de Hallandale Beach, d'Hollywood et de Pompano Beach; ils fréquentent certains lieux plus que d'autres[52]. Selon les géographes Anne Gilbert, André Langlois et Rémy Tremblay, les «réseaux privés» jouent désormais un rôle tout aussi essentiel, sinon plus, que «les institutions» dévouées à la «survie de la communauté[53]». D'ailleurs, la vitalité demeure ici plus élevée que celle d'autres concentrations. Si plus de la moitié des résidents canadiens-français n'ont qu'une scolarité de niveau secondaire, leur revenu moyen dépasse de 9% la moyenne floridienne. On est davantage porté à employer le français à la maison (44%) dans les 7 quartiers en question qu'ailleurs dans l'État, où la moyenne chez les résidents d'origine canadienne-française s'établit à 13%.

La dispersion relative constitue-t-elle une autre preuve du désengagement vis-à-vis des projets de société du Québec et de la francophonie canadienne, comme le suggèrent Jacques Beauchemin, Michel Bock et Joseph Yvon Thériault[54]? Le néonationalisme a-t-il cédé à une lassitude devant la mondialisation des espaces culturels? Si la dispersion des concentrations canadiennes-françaises en Floride est récente, la fragmentation des représentations, des revendications et des institutions qu'elle connaît n'est pas un phénomène nouveau. Les Acadiens, Cadiens, Canadiens français, Français, Haïtiens, Jurassiens et Wallons se croisent sur ce territoire depuis le XIXe siècle, mais la préservation de l'ethnicité, bien avant celle de la langue, semble avoir empêché la concrétisation d'une communauté franco-floridienne plurielle, qui se serait

---

[52] Anne Gilbert, André Langlois et Rémy Tremblay, «Habiter Floribec: voisinage et communauté», *International Review of Canadian Studies/ Revue internationale d'études canadiennes*, vol. 44, n° 2, 2011, p. 76-86.

[53] *Ibid.*, p. 87.

[54] Jacques Beauchemin, «De la nation à l'identité: la dénationalisation de la représentation politique au Canada français et au Québec», dans Simon Langlois (dir.), *Aspects de la nouvelle francophonie canadienne*, Québec, Presses de l'Université Laval, 2004, p. 165-187; Michel Bock, «Se souvenir et oublier: la mémoire du Canada français, hier et aujourd'hui», dans Joseph-Yvon Thériault, Anne Gilbert et Linda Cardinal (dir.), *L'espace francophone en milieu minoritaire au Canada. Nouveaux enjeux, nouvelles mobilisations*, Montréal, Fides, 2008, p. 193-194; Joseph Yvon Thériault, *Faire société. Société civile et espaces francophones*, Sudbury, Prise de parole, 2007, 384 p.

donné la capacité d'assurer sa pérennité en transmettant langue et cultures aux enfants[55].

L'absence d'une collectivité de mémoire n'empêche pas, cela dit, la multiplication des médias canadiens-français. Le magazine *Carrefour Floride* publie des numéros mensuels (pendant l'hiver) depuis 2004, destinés surtout aux touristes et aux hivernants qui cherchent des services et des activités en français. En 2011, l'hivernant Robert Leblond lance l'*Hebdo Floride* destiné aux touristes et aux hivernants, publié pendant 31 semaines par année et qui tire à 50 000 exemplaires[56]. La *Radio Floride*, émet au 980 AM et sur le web des émissions quotidiennes, avec des animateurs vivant dans le sud-est, mais aussi des chroniqueurs relayés du Québec. Hollywood continue d'attirer 150 000 participants par année au Canada Fest, toujours «le plus gros rassemblement francophone hors Québec[57]». Nombre d'artistes québécois y prennent part, dont l'humoriste Claudine Mercier et l'auteur-compositeur-interprète Sylvain Cossette par exemple[58]. Pour sa part, le Club Tropical organise un buffet et un souper à toutes les semaines, prenant l'exemple de l'hiver 2015, avec des chanteurs comme Valérie Carpentier et Marc Hervieux, ainsi que les humoristes Michel Barrette et P.-A. Méthot, parmi d'autres.

Le parc Heritage Village d'Okeechobee, situé à 184 kilomètres au nord d'Hollywood, comprend seulement quelques centaines de résidents, mais il réussit aussi à attirer des chanteurs de renom, dont Martin Deschamps en février 2013, pour ses spectacles. Le programme social du parc comprend des soupers en l'honneur des hivernants du Saguenay, de l'Abitibi-Témiscamingue et du nord de l'Ontario. Dans ces trois cas, ce sont la langue et la nordicité

---

[55] Rémy Tremblay, «Le Floribec éphémère», dans Dean Louder et Éric Waddell (dir.), *Franco-Amérique*, Sillery, Septentrion, 2008, p. 129-146.

[56] «Qui sommes-nous», *Hebdo Floride* [en ligne]: http://www.hebdofloride.com/qui-sommes-nous/, consulté le 15 juillet 2015; Michel Séguin, *op. cit.*, p. 104.

[57] «Le CanadaFest. C'est ce week-end», *Le Soleil de la Floride*, 20 janvier 2011 [en ligne]: http://www.lesoleildelafloride.com/Vol28/328-3/Actualites/actualite_CanadaFest, consulté le 15 juillet 2015.

[58] Catherine Perrin avec Godefroy Desrosiers-Lauzon, «Observer la "snowbirds", c'est une science», *Médium large* (10 janvier 2013), Première chaîne de Radio-Canada [en ligne]: http://ici.radio-canada.ca/emissions/medium_large/2013-2014/chronique.asp?idChronique=266703, consulté le 15 juillet 2015; Michel Séguin, *op. cit.*, p. 74.

qui semblent être les éléments rassembleurs. Le parc offre des cours de peinture, des randonnées écologiques, des soirées de bingo, des parties de pêche, de l'aide linguistique, des conseils financiers, un spectacle amateur d'humour, des messes en français et des excursions pour assister aux matchs des Panthères à Sunrise[59]. Le parc a ouvert ses portes en septembre 1991 grâce aux efforts de l'entrepreneur Fernand Larose, de Gatineau, qui voulait «bâtir un parc pour une grande famille[60]». Quatre mois après son ouverture, le parc comptait déjà 494 propriétaires et s'était doté d'un conseil d'administration, d'un centre communautaire et d'une piscine.

Vers 2000, l'Association francophone Canada-Floride est créée à Okeechobee dans le but d'offrir des conseils aux hivernants «de l'Ontario, du Québec et des provinces de l'Atlantique» et de leur permettre de faire partie d'une «grande famille[61]», que l'on imagine implicitement canadienne-française. En juin 2009, quelques entrepreneurs forment la Chambre de commerce Québec-Floride (CCQF), avec pour but «de soutenir et de favoriser le développement des entreprises établies au Québec et en Floride, tout en promouvant les relations économiques et commerciales de ces deux régions[62]». Le CCQF entreprend des missions commerciales et ouvre des sections à Montréal et à Québec, à Fort Lauderdale et à Tampa, ce qui contribue à la revalorisation de cette destination auprès des francophones.

Malgré le foisonnement du milieu associatif, le passage d'une série d'ouragans violents pendant la décennie 2000, conjugué aux efforts de densification urbaine, font diminuer le poids des maisons mobiles parmi les résidences de l'État de 12,5 % (1990) à

---

[59] Judith Claveau et Serge Claveau, «Vivre en français dans l'état de la Floride dans un parc de maisons mobiles et terrains pour VR», Québécois en Floride, Blogspot [en ligne]: http://quebecoisenfloride.blogspot.ca/, consulté le 15 juillet 2015.

[60] Fernand Larose, dans «Un rêve devenu réalité», Scribd [en ligne]: http://www.scribd.com/fullscreen/75372661?access_key=key-dfg7ox8qw9oeai69hi0m, consulté le 15 juillet 2015.

[61] «Objectif: regrouper les membres de l'AFCF», Association Francophone Canada-Floride [en ligne]: http://afcf.tripod.com/regrouper.htm, consulté le 15 juillet 2015.

[62] «À propos de la CCQF», Chambre de commerce Québec-Floride [en ligne]: http://www.ccquebecflorida.com/la-chambre/a-propos-de-la-ccqf, consulté le 15 juillet 2015.

9,8 % (2008)[63]. À eux seuls, Palm Beach et Broward ont 6000 maisons mobiles de moins en 2000 qu'ils n'en avaient 10 ans plus tôt. Ce mouvement touche aussi les hivernants canadiens-français. En septembre 2012, la réserve séminole d'Hollywood ne renouvelle pas le bail des Hollywood Estates. Ayant ouvert ses portes en 1969 à 750 maisons mobiles, ce parc avait accueilli une forte proportion de Québécois. L'utilisation commerciale du territoire n'est pourtant pas une chose récente, un premier casino s'y étant établi en 1979[64], mais la volonté de rentabiliser les locations et de faire de la place à un nouveau centre commercial amène la tribu séminole, à l'automne 2013, à donner aux résidents sept mois pour quitter le parc. L'annonce, rendue publique par une lettre clouée à un poteau, est accompagnée de la fermeture immédiate des aires communes. Pire, seuls les résidents permanents ayant un faible revenu annuel ont droit à une compensation, établie à 3000 $[65]. Cette « fermeture sauvage », selon l'expression d'un hivernant québécois (le choix de l'adjectif n'étant probablement pas innocent) fait perdre des milliers de dollars à plusieurs résidents, qui assistent à la dispersion de l'enclave, vieille de quelques décennies, avant la fin de la saison.

Tandis que l'affaissement de certaines associations et enclaves semble fragiliser la présence canadienne-française sur le territoire, la croissance du nombre d'hivernants canadiens-français confirme que l'attrait pour la destination se maintient. Selon une estimation de la Canadian Snowbird Association, environ 500 000 hivernants canadiens passent l'hiver 2007 en Floride[66] et 150 000 d'entre eux seraient canadiens-français. Comme l'avance Jacques Drouin, les Québécois et Franco-Ontariens sont désormais plus portés vers les appartements en multipropriété et les condominiums, qu'ils

---

[63] « Mobile Homes, Percent of Total Housing Units, 2008 », United States Census Bureau [en ligne] : http://www.census.gov/compendia/statab/2012/ranks/rank38.html, consulté le 15 juillet 2015 ; Godefroy Desrosiers-Lauzon, *op. cit.*, p. 110-112.

[64] « Tourism And Enterprises, Hollywood », Seminole Tribe of Florida [en ligne] : http://www.semtribe.com/TourismAndEnterprises/Hollywood/, consulté le 15 juillet 2015.

[65] Christiane Desjardins, « Floride : exil dans la colère pour des Québécois », *La Presse*, 23 décembre 2012 [en ligne] : http://www.lapresse.ca/actualites/national/201212/22/01-4606320-floride-exil-dans-la-colere-pour-des-quebecois.php, consulté le 15 juillet 2015.

[66] Entrevue téléphonique avec Michael Mackenzie, Canadian Snowbird Association, 15 novembre 2008.

achètent à titre d'investissement ou comme logement partagé entre proches du Nord[67]. Les baby-boomers sont aussi moins portés à effectuer un séjour de six mois, et préfèrent, lorsque leurs moyens le permettent, des séjours plus courts à l'automne et à l'hiver, durant les mois de transition saisonnière. Ils contribuent donc moins que leurs parents à une communauté francophone en Floride. Malgré tout, de nouveaux quartiers et services, de nouvelles associations et activités continuent d'émerger, surtout dans le sud-est. L'espace canadien-français en Floride vers 2010 est plus éclaté qu'il ne l'était en 1990, mais il n'est pas forcément moins significatif. À eux seuls, les Québécois y dépensent 1,2 milliard de dollars par année (2011)[68].

Les rares traces laissées par les immigrants et leurs descendants

Le dynamisme communautaire des hivernants et des touristes semble avoir eu peu d'impact sur les descendants des immigrants. Ce qui nous amène à constater la précarité de la communauté expatriée. À l'époque où les Canadiens français migraient vers des villages où la francité était homogène ou majoritaire, on pouvait sans trop de difficulté inculquer une culture catholique, française et rurale[69] chez les enfants. En revanche, les migrations vers des milieux urbains alourdissent le fardeau de la reproduction culturelle, plus fragile lorsqu'elle repose presque essentiellement sur la famille, sans l'appui d'un milieu marqué par ces trois «dominantes». En Nouvelle-Angleterre, c'est la fermeture des écoles paroissiales bilingues et la dispersion des «Petits Canadas» qui scelle plus ou moins le sort de la culture franco-américaine dans la région. Dès lors, seul un jeune franco-américain sur 20, selon l'estimation de Thomas-Marie Landry, parvient à

---

[67] Godefroy Desrosiers-Lauzon, *op. cit.*, p. 107-108 ; Catherine Perrin, *op. cit.*, 15 juillet 2015.

[68] Salon Québec Floride [en ligne]: http://salonquebecfloride.ebems.com/exposants. html, consulté le 15 juillet 2015 ; John Herd Thompson et Stephen J. Randall, *Canada and the United States: Ambivalent Allies*, 4ᵉ éd., Montréal / Kingston, McGill-Queen's University Press, 2008, p. [344].

[69] Fernand Ouellet, *L'Ontario français dans le Canada français avant 1911. Contribution à l'histoire sociale*, Sudbury, Prise de parole, 2005, 547 p.

converser et à penser aisément en français[70]. Les locuteurs de français en Nouvelle-Angleterre avaient beau être encore nombreux (90 000 en 1980), la population vieillissait rapidement, amenant les familles à associer davantage leur héritage aux traditions culinaires qu'à la communication en français avec les jeunes générations. L'ethnicité canadienne-française semble s'y être perdue, les jeunes générations s'identifiant avant tout comme des Américains (souvent catholiques), dont les « *grand parents were French* ». Au fil du temps, l'intégration à la société américaine n'est plus vue sous l'optique misérabiliste, mais en vient à être considérée comme un succès.

Avec cela en vue, on comprendra que le combat pour la pérennité culturelle canadienne-française en Floride urbaine, où peu d'institutions « nationales » ont vu le jour, était perdu d'avance. Déjà, en 1910, la Floride comptait 36 natifs dont les deux parents étaient nés au Canada français[71]. Ces enfants se sont sans doute intégrés rapidement à la société américaine. On note l'existence d'une école distincte, à Bélandville pendant la décennie 1930. On sait à peu près rien de la deuxième génération de résidents canadiens-français, hormis quelques récits anecdotiques. Ainsi, dès sa fondation, le Club canadien-français d'Amérique organise des activités pour les enfants d'immigrants. Lors d'un entretien avec le *Palm Beach Post* en décembre 1978, Simone Doyon a raconté que ses enfants passaient l'été au Québec et conversaient suffisamment en français pour continuer à le parler au foyer pendant l'année scolaire. Le français se limitait à l'oral dans bien des cas, la deuxième génération ayant été scolarisée entièrement en anglais. Règle générale, les enfants présents au CCFA comprenaient le français, même s'ils ne le parlaient pas tous[72].

---

[70] Yves Frenette, *Les francophones de la Nouvelle-Angleterre, 1524-2000*, Montréal, Institut national de recherche scientifique, 2001, p. 63 ; Yves Roby, *Histoire d'un rêve brisé ? Les Canadiens français aux États-Unis*, Sillery, Septentrion, 2007, p. 111, 142 ; Robert Chodos et Eric Hamovitch, *op. cit.*, p. 204-209.

[71] «Native White Persons w/ Both Parents Born in Canada (French) + 1910 + Florida», Historical Census Browser, University of Virginia Library [en ligne] : http://mapserver.lib.virginia.edu/php/start.php?year=V1910#2, consulté le 15 juillet 2015.

[72] Nancy Figel, «Simone Doyon Displays some of her French Canadian Craft Work», *The Palm Beach Times*, 12 décembre 1978, dans HSPBCA, Fonds «Populations», vol. «Canadians in Florida».

Les récits personnels recueillis par Louis Dupont et Rémy Tremblay brossent un portrait plus substantiel de la deuxième génération, installée en Floride par leurs parents pendant les Trente glorieuses[73]. Concentrés dans le sud-est, les 60 000 Canadiens français vers 1970 – donnée qui ne tient pas compte des Français et des Haïtiens, encore plus nombreux –, auraient certainement été suffisamment nombreux pour fonder des écoles, des institutions culturelles et des paroisses de langue française s'ils l'avaient voulu. L'absence de ces institutions semble confirmer un manque d'appétit (ou de détermination) pour un projet sociétal francophone. La possibilité que le contingent croisse par la voie de la natalité s'avérait pratiquement nulle. Ainsi, la capacité de s'exprimer en français pouvait varier considérablement entre individus au sein d'une même famille. Dupont rappelle l'exemple d'une jeune québécoise arrivée en Floride avec ses parents à l'âge de 6 ans, qui parlait, lisait et écrivait le français sans grande difficulté, 15 ans après son arrivée ; or, sa petite sœur, née sur place en 1971, ne possédait que quelques rudiments de français. Onze des 16 familles recensées par Tremblay avaient des enfants, et les enfants de 7 d'entre elles parlaient le français[74]. Certains des enfants ayant immigré pendant leur jeunesse sont rentrés au Québec poursuivre leurs études secondaires ou postsecondaires. Ceux qui sont restés se sont acculturés assez rapidement, même si la majorité effectuait au moins une visite, et parfois jusqu'à cinq visites, par année au Québec.

En 2010, 13 % des émigrants canadiens aux États-Unis résident en Floride et habitent principalement les régions de Miami (35 000 personnes) ou de Tampa (20 000 personnes)[75]. Les données du U.S. Census de 2010 étant plus précises que celles de précédents recensements, on y décèle certaines caractéristiques linguistiques. Parmi les 114 944 Floridiens d'origine canadienne-française, 87 %

---

[73] Louis Dupont, « Le déplacement et l'implantation de Québécois en Floride », *Vie française*, vol. 36, nos 10-11-12, octobre-novembre-décembre 1982, p. 32-33.

[74] Rémy Tremblay, *Floribec : espace et communauté*, Ottawa, Presses de l'Université d'Ottawa, 2006, p. 99-100.

[75] Jie Zong, Hataipreuk Rkasnuam et Jeanne Batalova, « Canadian Immigrants in the United States », Migration Policy Institute (15 septembre 2014), http://www.migrationpolicy.org/article/canadian-immigrants-united-states, consulté le 15 juillet 2015.

sont nés aux États-Unis, preuve de la dimension multigénération-
nelle de cette présence ; d'ailleurs 93 % de ce contingent parle
exclusivement l'anglais et seuls 170 répondants estiment mal
connaître cette langue[76]. Pour leur part, les 15 130 immigrants
canadiens-français affirment avoir une connaissance avancée de
l'anglais ; le tiers de ce contingent ne parle même plus le français.
La situation est tout autre chez les Québécois ayant migré en
Floride à l'âge adulte. La linguiste Hélène Blondeau constate une
forte préservation de la syntaxe française et une infiltration de l'anglais se limitant essentiellement à l'emprunt de noms et d'adjectifs
pour décrire des réalités propres à la Floride comme « *green card* »,
« *junior high* » ou« *turnpike* »[77].

Comme en Nouvelle-Angleterre, il se peut que certains descendants canadiens-français aient simplifié, au fil des générations, leur
filiation ethnique pour effacer le passage de leurs ancêtres au
Canada et ne conserver que l'origine française. Bon nombre de
Canadiens français pourraient ainsi se trouver parmi les Floridiens
d'origine française – 482 474 résidents, dont 93 % sont nés aux
États-Unis[78]. Aujourd'hui, le taux d'acculturation de ce groupe
ressemble à celui des Canadiens français, puisque seuls 3 % parlent
toujours le français. Preuve d'une forte intégration au milieu, le
contingent comprend autant de gens qui ont l'espagnol comme
deuxième ou troisième langue. Parmi les 2967 Floridiens d'origine
cadienne, seuls 7 % parlent une « autre langue indo-européenne »,
très probablement le français. Au fil des générations, l'intégration
cumulative des trois groupes est très élevée, même si l'on ne se
serait pas attendu à ce que 17 931 Américains de naissance (ayant

---

[76] «Cajun + French Canadian + French (except Basque) + Haitian» et «B16005. Nativity
by Language Spoken at Home by Ability to Speak English for the Population 5 Years and
Over. 2006-2010 American Community Survey Selected Population Tables», American
Fact Finder, United States Census Bureau [en ligne] : http://factfinder2.census.gov/faces/
tableservices/jsf/pages/productview.xhtml?pid=ACS_10_SF4_B16005&prodType=table,
consulté le 15 juillet 2015.

[77] Hélène Blondeau, «Chemin faisant : pratiques langagières des francophones d'origine
québécoise en Floride», La Floride française : Florida, France and the Francophone
World International Conference, Winthrop-King Institute for Contemporary French and
Francophone Studies, Florida State University, Tallahassee (Floride), 21 février 2014.

[78] «Cajun + French Canadian + French (except Basque) + Haitian» et «B16005...»,
op. cit., 15 juillet 2015.

une origine française quelqonque) auraient parlé le français au foyer. En ce qui concerne les Floridiens d'origine haïtienne, il est difficile de déceler le nombre qui parle français, mais 28 % d'entre eux parlent exclusivement l'anglais, preuve de l'arrivée récente du contingent et du maintien du créole français.

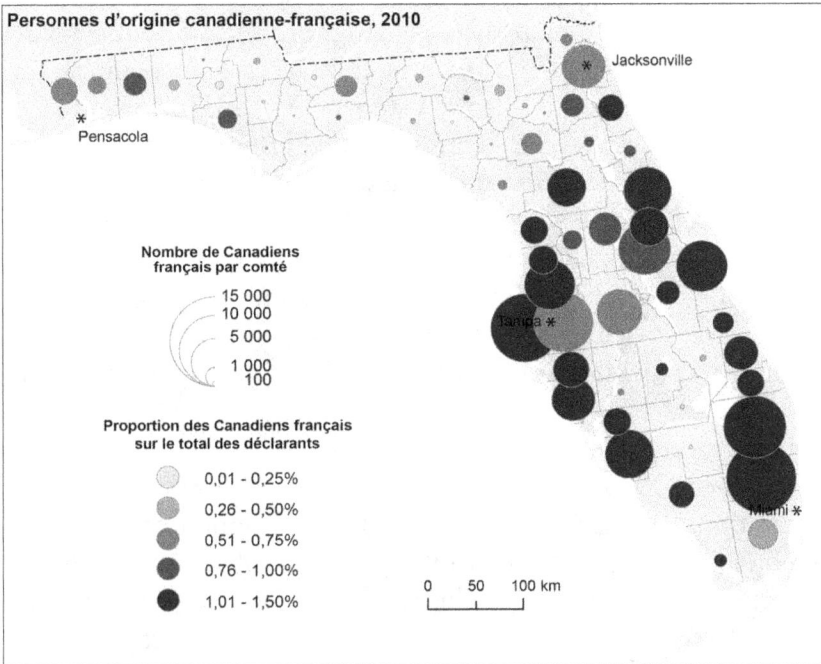

Personnes d'origine canadienne-française, 2010

Jacksonville

Pensacola

Nombre de Canadiens français par comté

15 000
10 000
5 000
1 000
100

Proportion des Canadiens français sur le total des déclarants

0,01 - 0,25%
0,26 - 0,50%
0,51 - 0,75%
0,76 - 1,00%
1,01 - 1,50%

Tampa

Miami

0   50   100 km

Philippe Desaulniers, Proportion et nombre de résidents canadiens-français en Floride selon selon les données du U.S. Census Bureau (2010), Centre interuniversitaire d'études québécoises, Université Laval, 31 août 2015.

Au début du XXIe siècle, le U.S. Census Bureau effectue des enquêtes communautaires annuelles, en plus du recensement décennal[79]. On constate alors que la Floride rivalise au plan démographique avec les autres importantes francophonies nord-américaines. Mais si le nombre de personnes parlant français au foyer est impressionnant, il stagne, voire recule légèrement entre

---

[79] «B16001 Language Spoken at Home by Ability to Speak English for the Population 5 Years and Over. 2007-2011 American Community Survey 5-Year Estimates. Florida», American Fact Finder, United States Census Bureau [en ligne] : http://factfinder.census.gov/faces/tableservices/jsf/pages/productview.xhtml?src=bkmk, consulté le 15 juillet 2015.

2005 et 2013, passant de 114 536 à 109 616, une diminution de 4,5 % en 8 ans[80]. Durant la même période, le nombre de personnes qui parlent le créole français croît de 34 %, passant de 274 620 à 367 173[81]. Ce nombre est remarquable, bien que proportionnellement faible en regard des 20 millions de résidents permanents dans cet État où la deuxième génération s'assimile rapidement. Il existe quelques écoles privées de langue française, dont l'école Franco-américaine à Coral Gables et le lycée Franco-américain, avec des succursales à Miami, Cooper City et Hollywood. Ces écoles sont reconnues par le ministère de l'Éducation nationale de France et les *schools districts* dans lesquels elles œuvrent, mais les frais de scolarité s'élèvent à environ 10 000 $ par année, ce qui les rend inaccessibles à la majorité des immigrants de langue française[82]. Il y a donc lieu de se demander si, comme le prétend l'École de Chicago, la deuxième génération de migrants en Floride a vraiment pu constituer une génération de transition (bilingue et biculturelle).

Nos rencontres avec une demi-douzaine d'enfants d'immigrants en 2008 et 2009 suggèrent qu'il serait difficile de considérer cette génération comme étant à cheval entre deux mondes. Dans l'ensemble, les immigrants ont voulu que leurs enfants maintiennent ou apprennent le français, qu'ils aient vu le jour au Québec ou en Floride, afin de pouvoir continuer à converser dans cette langue à la maison et avec les proches au Canada[83]. La venue de

[80] «B16001 Language Spoken at Home by Ability to Speak English for the Population 5 Years and Over. 2005 American Community Survey. Florida», American Fact Finder, United States Census Bureau [en ligne]: http://factfinder.census.gov/faces/tableservices/jsf/pages/productview.xhtml?fpt=table, consulté le 15 juillet 2015.

[81] «B16001 Language Spoken at Home by Ability to Speak English for the Population 5 Years and Over. 2013 American Community Survey 1-Year Estimates. Florida», American Fact Finder, United States Census Bureau [en ligne]: http://factfinder.census.gov/faces/tableservices/jsf/pages/productview.xhtml?pid=ACS_13_1YR_B16001&prodType=table, consulté le 15 juillet 2015.

[82] «Les écoles qui enseignent le français en Floride du Sud», French District. Les Quartiers français aux États-Unis, http://frenchdistrict.com/floride/articles/ecoles-enseignement-francais-francophone-floride-sud/, consulté le 11 septembre 2015.

[83] Entrevue avec Conrad Roy, Greenacres (Floride), 7 janvier 2008; entrevue avec Simone Doyon, Palm Springs (Floride), 8 janvier 2009; entrevue avec Nicole Bureau, Lantana (Floride), 9 janvier 2008; entrevue avec Rose Brousseau, Lake Worth (Floride), 12 janvier 2008.

grands-parents et de proches en hiver a aussi permis à ces enfants d'entretenir des liens assez étroits avec le Canada français. Toutefois, on ne semble pas s'être attendu à ce que les enfants appartiennent à une communauté francophone ou maintiennent le français comme langue principale à l'âge adulte. On n'immigrait pas en Floride en espérant de telles choses. Le professeur de littérature François Paré résume avec acuité ce dilemme :

> Les mouvements migratoires découlent de facteurs largement économiques. Ces facteurs ne sont ni rationnels ni empiriques. Au niveau des individus, la décision de partir est plutôt de l'ordre des représentations, car personne ne peut prévoir ce que seront les conséquences du départ et les exigences de l'implantation dans un milieu jusque-là inconnu. Le migrant prend acte d'une absence, d'une privation, et c'est ce «manque à gagner» qui le sépare de sa société d'origine. C'est cela, la rupture même de sa naissance à une culture donnée, qu'il accepte de mettre en marche en dépit des enjeux identitaires que l'expérience migrante lui imposera [...]. Les déplacements migratoires reposent avant tout sur des décisions individuelles sur lesquelles les campagnes d'intervention publiques influent très peu[84].

Une fois installés, les migrants canadiens-français s'adaptent à leur nouvelle réalité, qui est presque toujours différente de celle qu'ils avaient imaginée. Plusieurs en arrivent à ne pas vouloir imposer le français à leurs enfants dans une région où l'espagnol tend à s'imposer comme langue seconde[85]. En 2010, seulement 1 % des Floridiens d'origine canadienne-française et 2 % des Floridiens d'origine française parlent toujours cette langue. Certains l'ont apprise à la maison et d'autres à l'école secondaire. À l'extérieur du sud-est, on juge parfois l'espagnol plus «utile» que le français, qui ne sert qu'a parler à la famille éloignée, aux dires de certains. Même parmi les enfants ayant deux parents canadiens-français, certains ne sont jamais parvenus à parler la langue, se

---

[84] François Paré, *Le fantasme d'Escanaba*, Montréal, Nota bene, 2007, p. 110-111.

[85] Entrevue avec Joseph Asselin, Lantana (Floride), 9 janvier 2008 ; entrevue avec Michèle Asselin et Patrick Asselin, Silver Springs Shores (Floride), 10 janvier 2009 ; «B16005...», *op. cit.*, 15 janvier 2015.

contentant de comprendre des mots ou des bribes prononcés par la parenté pendant ses séjours en Floride.

Les descendants que nous avons rencontrés dans le sud-est sont cependant plus aptes à employer le français au travail ou dans leur commerce, même s'ils ne peuvent ni le lire ni l'écrire[86]. Généralement, ils n'ont pas tendance à se percevoir comme des enfants d'immigrants et ils établissent surtout des distinctions entre les milieux de vie américain et québécois, tout en considérant qu'ils font partie d'une même réalité continentale. Leur ethnicité s'exprime souvent par la cuisine traditionnelle, allant de la tourtière à la tire sur la neige, des aliments qui ne contribuent probablement pas à alléger un festin sudiste... S'ils ont participé à des rassemblements canadiens-français pendant leur enfance, ils ont fini par les délaisser au profit d'amitiés tissées à l'école avec des Floridiens de toutes origines. D'ailleurs, les droits de scolarité étant bien plus élevés aux États-Unis qu'au Canada, peu de descendants canadiens-français de parents de la classe ouvrière parviennent à décrocher un diplôme universitaire. On peut donc douter de l'ascension sociale réelle de ces migrants, qui ont souvent payé cher au plan culturel pour que leurs enfants ne connaissent pas forcément un meilleur sort que s'ils avaient grandi au Canada...

En fin de compte, les enfants nés au Québec et s'étant établis en Floride avec leurs parents pendant leur jeunesse formeraient la «génération hybride», s'il y en avait une. Prenons l'exemple de Martin Rivard. Arrivé en Floride en 1977 à l'âge de 12 ans, il y a fait ses études secondaires et universitaires. À l'âge adulte, il prend la direction de l'entreprise de son père, dont la majorité de la clientèle est canadienne-française. Pendant la décennie 2000, son commerce fait toujours largement usage du français et continue de desservir avant tout la clientèle hivernante francophone. Pour Rivard, ses origines constituent un «plan d'affaires» lui offrant une «chance de réussir[87]». Rivard admire l'esprit d'entreprise américain, même s'il admet œuvrer dans une société plus inégalitaire

---

[86] Entrevue avec Johanne Roy au téléphone, 6 janvier 2009; entrevue avec Marc Doyon, Palm Springs (Floride), 8 janvier 2009; Rose Brousseau, *op. cit.*, 12 janvier 2008.
[87] Entrevue avec Martin Rivard, Lake Worth (Floride), 13 janvier 2009.

que le Canada. Il confirme que ses enfants sont des «Américains» ne parlant pas le français. Malgré un niveau d'intégration élevé à la société américaine, plusieurs descendants conservent leur affiliation religieuse, inscrivent leurs enfants aux écoles catholiques privées et tentent de se distancier de certains traits culturels protestants[88].

Le modèle théorique mis au point par l'École de Chicago quant à l'intégration des immigrants sur trois générations doit être nuancé, du moins quant à la situation des immigrants canadiens-français en Floride. En effet, «la» génération bilingue et hybride y apparaît être celle des jeunes immigrants ayant vécu intensément dans deux sociétés majoritaires avant l'âge de 20 ans. Un examen des immigrants franco-ontariens ou acadiens pourrait toutefois nous amener à nuancer cette interprétation, tout comme une analyse des 17 700 Américains natifs d'origine canadienne-française ou française qui parlent le français à la maison.

En conclusion, descendants de touristes, d'immigrants et d'hivernants semblent avoir reproduit, au tournant du millénaire, certaines habitudes inculquées par leurs parents et leurs ancêtres. Ils chérissent toujours cet amour pour la chaleur, la société de consommation américaine et pour certains lieux bien particuliers. Si leur concentration à l'intérieur de parcs de maisons mobiles et leur participation à des soirées dansantes sont devenues moins communes pendant les décennies 2000 et 2010, la présence d'une diversité associative, la création de réseaux privés et d'espaces publics francophones semblent confirmer le maintien chez les baby-boomers d'un engouement pour une Floride canadienne-française, qu'ils fréquentent toujours, mais à laquelle ils sont peut-être moins attachés que leurs aïeuls. Par contre, ceux qui se sont installés en Floride se sont distanciés des espaces canadiens-français, souvent saisonniers. Et la force du melting-pot américain semble la plus manifeste, étant donné les carences du réseau institutionnel de langue française. Même si plus du quart des Floridiens parlent une langue autre que l'anglais à la maison, l'écrasante majorité des

---

[88] Rose Brousseau, *op. cit.*, 12 janvier 2008 ; Patrick Asselin, *op. cit.*, 10 janvier 2009.

descendants canadiens-français nés aux États-Unis se sent plus à l'aise dans la langue de la majorité[89]. Les enfants semblent affirmer leurs origines ethniques sans gêne et voient leurs vies comme des histoires à succès sans avoir l'impression de décevoir qui que ce soit, car même leurs parents n'ont pas bercé l'espoir qu'ils deviennent autres que des Américains avec une certaine connaissance de leur héritage.

---

[89] «B16001», *op. cit.*, 15 juillet 2015.

CONCLUSION

Trois éléments – la température clémente, l'existence d'une infrastructure touristique et l'accessibilité financière – ont contribué à attirer un nombre considérable de francophones vers la Floride du XIXe siècle à nos jours. À plusieurs égards, la fréquentation des Canadiens français de cette péninsule balnéaire ressemble à celles des migrants d'autres origines ethniques. Dès le XIXe siècle, on reconnaît l'endroit pour ses hivers cléments, qui offrent une cure de jouvence aux malades, et aussi pour ses terres fertiles, qui fournissent trois moissons par année. Si la colonisation de la Floride est demeurée un important motif de migration jusqu'aux années 1930, y compris pour les Canadiens français, c'est pendant l'Entre-deux-guerre que la péninsule a commencé à se présenter comme un paradis terrestre pouvant offrir un répit de la saison froide et des exigences du quotidien. Après la Deuxième Guerre mondiale, elle est devenue accessible aux gens ordinaires, d'abord financièrement, grâce à une hausse des revenus et du niveau de vie des Nord-Américains, puis en raison de l'amélioration des réseaux routiers et des voitures : on pouvait désormais y accéder à partir du Nord au bout d'une vingtaine d'heures plutôt que d'une semaine[1].

Après 1945, l'expansion économique et infrastructurelle de

---

[1] Joseph Marmette, *Récits et souvenirs*, Québec, Typographie de C. Darveau, 1891, 203 p.

l'Amérique du Nord a amplifié la capacité d'accueil de la Floride, transformant aussi la fréquentation canadienne-française de cet État. Après qu'un flux de touristes canadiens-français ait été déclenché, particulièrement dans les banlieues côtières au nord de Miami, certains d'entre eux sont devenus des immigrants. Ils ont établi des commerces qui affichaient leurs services en français ou leurs produits canadiens ; ils ont mis sur pied les premières associations puis les premiers journaux, qui leur ont permis de partager leur engouement avec parenté et proches pendant leurs vacances. Ils se sont toutefois abstenus de construire une école ou une paroisse nationale. En 1970, l'immigration avait pris une telle ampleur, au point où environ 60 000 Canadiens français habitaient la Floride en permanence, et près de 300 000 autres y prenaient des vacances chaque année.

Dès 1945, la prolifération des régimes de retraite, la hausse de l'espérance de vie et l'accessibilité des transports sur des grandes distances ont favorisé l'émergence d'un quatrième groupe de migrants – les hivernants – qui passaient de cinq à six mois par année en Floride. Ils y ont acheté des résidences et partagé une vie communautaire routinière. Les hivernants ont pris en charge quelques institutions canadiennes-françaises qui existaient déjà. Ce groupe est rapidement devenu plus important et plus actif sur le plan culturel que le contingent immigrant. Ce sont les hivernants qui ont manifesté le plus clairement la volonté de «faire société[2]» – pour reprendre l'expression de Joseph Yvon Thériault – par leur concentration sur certaines aires géographiques dans le sud-est, les associations et les services dont ils se sont dotés, leur emploi de la langue française et leur enracinement pluriannuel en Floride. Autrement dit, ils ont animé, pendant l'hiver, une extension temporaire de la société canadienne-française. Au tournant du XXIᵉ siècle, l'amélioration des transports et des moyens de communication a de nouveau réduit la distance – virtuelle cette fois – entre la Floride et le Canada français.

La dispersion rapide des colonies d'Okeechobee et de Bélandville

---

2. J. Yvon Thériault, «Entre la nation et l'ethnie. Sociologie, société et communautés minoritaires francophones», *Sociologies et sociétés*, vol. 26, n° 1, printemps 1994, p. 15-32.

souligne toutefois la faible influence qu'a eue, dans le temps long, la culture canadienne-française sur le territoire. Les hivernants de la génération du baby-boom maintiennent à ce jour plusieurs habitudes héritées de leurs parents, dont une prédilection pour la région du sud-est de la Floride et la participation à des activités communautaires francophones; ils sont par contre moins enclins à vivre en quartiers concentrés, même s'ils n'ont pas tous abandonné la pratique. Les baby-boomers sont plutôt portés à habiter un endroit conforme à leur niveau de vie, une évolution constatée dans diverses communautés francophones nord-américaines depuis les années 1960[3]. Pour ce qui est des enfants des immigrants, ils se sont intégrés à la société américaine, malgré le poids des francophones dans la balance démographique et culturelle locale et en dépit des possibilités de contact avec touristes et hivernants canadiens-français, voire du contact que pourraient offrir les nouveaux médias aux plus jeunes. Ceux qui sont nés au Québec et ont émigré en Floride pendant leur enfance constituent la véritable génération bilingue, hybride et partagée entre deux mondes – le Canada français et l'Amérique anglophone –, la génération née en Floride ne connaissant que peu ou pas la société québécoise, et encore moins la langue française.

Au début du XXIe siècle, malgré l'acculturation des deuxième et troisième générations, la présence canadienne-française continue d'être importante et de croître au même rythme que les services et les associations canadiennes-françaises, même si les réseaux tendent à être plus privés et plus éclatés. L'engouement pour la chaleur et le mode de vie que propose la Floride a interpelé, en 2012 seulement, 3,7 millions de touristes canadiens et plus de 500 000 hivernants canadiens, parmi lesquels se trouve environ un million de touristes

---

[3] Anne Gilbert et Marie Lefebvre, «Un espace sous tension: nouvel enjeu de la vitalité communautaire de la francophonie canadienne», dans Joseph Yvon Thériault, Linda Cardinal et Anne Gilbert (dir.), *L'espace francophone en milieu minoritaire au Canada*, Montréal, Fides, 2008, p. 27-72; Anne Gilbert, André Langlois et Rémy Tremblay, «Habiter Floribec: voisinage et communauté», *International Review of Canadian Studies/ Revue internationale d'études canadiennes*, vol. 44, n° 2, 2011, p. 76-77.

et 150 000 hivernants canadiens de langue française[4]. Malgré la distance qui sépare les Québécois des minorités canadiennes-françaises lorsqu'ils se trouvent au Canada, les divergences semblent s'amenuiser en Floride au profit d'un vouloir-vivre en commun entre francophones d'Amérique.

La Floride représente peut-être aujourd'hui un endroit où «ce qu'il reste» de l'esprit canadien-français, diraient Joseph Yvon Thériault et Martin Meunier, est le plus visible, même s'il s'agit souvent de fragments d'une culture d'origine, exprimés temporairement, pendant l'hiver. En territoire étranger, on n'est tout simplement pas assez nombreux pour constituer des espaces strictement québécois ou franco-ontariens, par exemple. Comme l'évoque Robert Harney, l'ensemble des hivernants en Floride ont tendance à accentuer leur ethnicité davantage qu'ils ne l'auraient fait dans leur milieu d'origine[5].

En ce sens, la Floride se distingue des autres lieux de dispersion canadienne-française, dont l'Ontario, la Nouvelle-Angleterre et l'Ouest canadien. L'émigration de Canadiens français y a été marginale, comme celle vers le Midwest américain, mais grâce aux migrations temporaires pluriannuelles, la vitalité du milieu floridien demeure étonnamment grande. Il s'agit pourtant d'une région où les migrants permanents, qu'ils aient été canadiens-français, français ou haïtiens, ont laissé un bien faible héritage culturel et linguistique. La Floride constitue un exemple contemporain d'une migration de masse en Amérique française, un pôle d'attraction qui, malgré la friabilité des traces laissées, s'est ancré dans les mœurs et la mémoire. Aujourd'hui partie intégrante de l'imaginaire et de l'espace francophones en Amérique, la Floride

---

[4] Entrevue téléphonique avec Michael Mackenzie, *Canadian Snowbird Association*, 15 novembre 2008; «Voyages effectués par les Canadiens vers les États-Unis, 15 principaux États visités (2012)», Statistique Canada [en ligne]: http://www.statcan.gc.ca/tables-tableaux/sum-som/l02/cst01/arts39a-fra.htm, consulté le 20 juillet 2015.

[5] Robert Harney, «The Palmetto and the Maple Leaf: Patterns of Canadian Migration to Florida», dans R. M. Miller et G. E. Pozetta (dir.), *Shades of the Sunbelt: Essays on Ethnicity, Race, and the Urban South*, Boca Raton, Florida Atlantic University Press, 1989, p. 21-40.

constitue, dans les mots de Rémy Tremblay, « un pan d'histoire du Québec et de l'Amérique française des plus fascinants[6] ».

Le présent ouvrage, toute première synthèse historique sur la Floride canadienne-française, n'est pourtant qu'une esquisse – il reste du travail à faire pour ceux qui souhaiteraient en appréhender tout le parcours. Les recherches actuelles ne font qu'effleurer la contribution des associations canadiennes-françaises de Floride à sa vitalité communautaire. Il serait intéressant, par le biais d'entrevues, d'analyser la complexité des migrations familiales en Floride et des visites répétées vers cette destination. Il y aurait aussi lieu de dépouiller les journaux de la Floride pour analyser la contribution des Canadiens français au développement de l'État. Il serait également pertinent d'étudier la situation des migrants qui se sont établis hors de la concentration dans le sud-est de la Floride. Par ailleurs, les résultats présentés ici ont presque ignoré la présence des Acadiens (colons, touristes, immigrants et hivernants compris), présence moins significative que celle des Franco-Américains ou des Franco-Ontariens, mais non négligeable. Enfin, l'établissement d'un parallèle avec les autres enclaves francophones – belge, française et haïtienne – reste à faire.

À cet égard, cet ouvrage constitue un point de départ, et non un aboutissement, pour comprendre la riche histoire des Canadiens français en Floride.

---

[6] Rémy Tremblay, *Floribec: espace et communauté*, Ottawa, Presses de l'Université d'Ottawa, 2006, p. 131.

BIBLIOGRAPHIE

Outils de travail

Biblio branchée, base de données de journaux canadiens de langue française.

Canadian Newsstand, base de données de journaux canadiens de langue anglaise.

Census of Population and Housing, United States Census Bureau, http://www.census.gov/prod/www/decennial.html, consulté le 16 juillet 2015.

Florida Department of State, Division of corporations, http://www.sunbiz.org/, consulté le 16 juillet 2015.

Florida Memory, Florida Department of State, Department of Library and Information Services, http://www.floridamemory.com, consulté le 16 juillet 2015.

Google News, https://news.google.ca/, consulté le 16 juillet 2015.

Google Maps, https://maps.google.com/, consulté le 16 juillet 2015.

Historical Census Browser, University of Virginia Library, http://mapserver.lib.virginia.edu/, consulté le 16 juillet 2015.

Le Soleil de la Floride, Archives, http://www.lesoleildelafloride.com/, consulté le 16 juillet 2015.

Palm Beach en français, Archives, http://www.palmbeachenfrancais.com/magazines/archives, consulté le 16 juillet 2015.

Statistique Canada, http://www.statcan.gc.ca/start-debut-fra.html, consulté le 16 juillet 2015.

United States 2010 Census, United States Census Bureau, http://www.census.gov/2010census/, consulté le 16 juillet 2015.

Sources

Sources manuscrites

Archives privées de la Communauté catholique d'expression française de Lake Worth, Lake Worth (Floride).

Archives de la Historical Society of Palm Beach County, West Palm Beach (Floride), Fonds «Populations», vol. «Canadians in Florida».

Archives privées du Club canadien-français de Lake Worth Inc., Lake Worth (Floride).

Archives privées du Club Richelieu de Floride-Sud, Hollywood (Floride).

Archives privées du Club Richelieu de Manchester, Manchester (New Hampshire).

Centre de recherche en civilisation canadienne-française, Ottawa (Ontario), Fonds du Richelieu International (C76).

Florida Department of State Archives, Division of corporations, Tallahassee (Floride).

The Everglades News, mars 1924-décembre 1926 et janvier 1929, Palm Beach County Library, West Palm Beach (Floride), collection de microfilms.

Webographie

«A Chilly Welcome: Congress Protects America from Canadian Pensioners», *The Economist* (8 mars 2014), http://www.economist.com/news/united-states/21598680-congress-protects-america-canadian-pensioners-chilly-welcome, consulté le 16 juillet 2015.

«AD 1564: Epidemic Decimates Timuacan in Florida», Native Voices: Native Peoples' Concepts of Health and Illness, National Institutes of Health, United States National Library of Medicine, http://www.nlm.nih.gov/nativevoices/timeline/191.html, consulté le 16 juillet 2015.

«Canada Pavillion», «Walt Disney World», The Walt Disney Company https://disneyworld.disney.go.com/parks/epcot/attractions/canada-pavilion/, consulté le 16 juillet 2015.

«Canadian Dollar 1978 + 2002», Trading Economics, http://www.tradingeconomics.com/canada/currency, consulté le 18 octobre 2015.

«Dupuis Auto Tour», South Florida Water Management District, [2013], 12 p., http://www.sfwmd.gov/portal/page/portal/xrepository/sfwmd_repository_pdf/autotour.pdf, consulté le 16 juillet 2015.

«Florida», «State and County Quick Facts», United States Census Bureau, http://quickfacts.census.gov/qfd/states/12000.html, consulté le 16 juillet 2015.

«Florida Panthers (1993-Present)», The Sports E-cyclopedia, http://www.sportsecyclopedia.com/nhl/florida/flapanthers.html, consulté le 16 juillet 2015.

«Gene Bonin – Boxer», Boxing Records, http://boxrec.com/list_bouts.php?human_id=50839&cat=boxer, consulté le 16 juillet 2015.

« Georges-Élie Amyot (1856-1930) », « Anciens parlementaires », Assemblée nationale du Québec (mai 2009), http://www.assnat.qc.ca/fr/patrimoine/anciens-parlementaires/amyot-georges-elie-7.html, consulté le 16 juillet 2015.

«History of Our Parish», The Basilica of Saint Mary Star of the Sea Key West, Florida, http://www.stmarykeywest.com/home/history-of-the-parish/, consulté le 16 juillet 2015.

«Kennedy's Launch Control Center», Kennedy Space Centre, National Aeronautics and Space Administration, http://www.nasa.gov/centers/kennedy/about/history/LCC/LCC_feature.html, consulté le 16 juillet 2015.

«Les écoles qui enseignent le français en Floride du Sud», French District. Les Quartiers français aux États-Unis, http://frenchdistrict.com/floride/articles/ecoles-enseignement-francais-francophone-floride-sud/, consulté le 11 septembre 2015.

«Locations», The Diocese of Palm Beach, http://www.diocesepb.org/locations, 16 juillet 2015.

«Miami, FL Weather Forecast and Conditions», The Weather Channel, http://www.weather.com/weather/today/l/USFL0316:1:US, consulté le 16 juillet 2015.

«Mission», Chambre de commerce Québec-Floride, http://www.ccquebecflorida.com/la-chambre/a-propos-de-la-ccqf, consulté le 16 juillet 2015.

«Mobile Homes, Percent of Total Housing Units, 2008», United States Census Bureau, http://www.census.gov/compendia/statab/2012/ranks/rank38.html, consulté le 16 juillet 2015.

«Moyenne annuelle des taux de change[,] Ottawa, 2007, Moyenne de 251 jours», Banque du Canada, http://www.banqueducanada.ca/stats/assets/pdf/nraa-2007.pdf, consulté le 16 juillet 2015.

«Moyenne annuelle des taux de change[,] Ottawa, 2012, Moyenne de 251 jours», Banque du Canada, http://www.banqueducanada.ca/stats/assets/pdf/nraa-2012.pdf, consulté le 16 juillet 2015.

«O Canada!», Walt Disney World, The Walt Disney Company https://disneyworld.disney.go.com/attractions/epcot/o-canada/, consulté le 16 juillet 2015.

«Objectif: regrouper les membres de l'AFCF», Association Francophone Canada-Floride, http://afcf.tripod.com/regrouper.htm, consulté le 16 juillet 2015.

«Ogunquit, Maine, États-Unis», *Escapades secrètes* (17 juillet 2012), http://escapadessecretes.wordpress.com/2012/07/17/ogunquit-maine-etats-unis-7/, consulté le 16 juillet 2015.

«Opportunity or Exploitation: The Bracero Program», America on the Move, National Museum of American History, http://amhistory.si.edu/onthemove/themes/story_51_5.html, consulté le 16 juillet 2015.

«Parishes […] Search», The Archdiocese of Miami, http://www.miamiarch.org/, consulté le 16 juillet 2015.

«Qui sommes-nous», *Hebdo Floride*, http://www.hebdofloride.com/qui-sommes-nous/, consulté le 16 juillet 2015.

«St. Augustine, FL Weather Forecast and Conditions», The Weather Channel, http://www.weather.com/weather/today/l/USFL0433:1:US, consulté le 16 juillet 2015.

Salon Québec Floride, http://salonquebecfloride.ebems.com/exposants.html, consulté le 16 juillet 2015.

«Saint Anne's Shrine», Ghost Towns and History of the American West, http://www.ghosttowns.com/states/fl/saintannesshrine.html, consulté le 11 septembre 2015.

«Ste Anne des Lacs», Wikipedia, https://en.wikipedia.org/wiki/Ste_Anne_des_Lacs, consulté le 11 septembre 2015.

«The French in Northwest Florida, 1719-1722», Baker Block Museum, http://bakerblockmuseum.org/mahistory.htm, consulté le 16 juillet 2015.

«Tampa Bay Lightning (1992-Present)», *The Sports E-cyclopedia*, http://www. sportsecyclopedia.com/nhl/tampa/lightning.html, consulté le 16 juillet 2015.

«Tourism And Enterprises, Hollywood», Seminole Tribe of Florida, http://www. semtribe.com/TourismAndEnterprises/Hollywood/, consulté le 16 juillet 2015.

«Walt Disney World History», WDWMagic.com, http://www.wdwmagic.com/ walt-disney-world-history.htm, consulté le 16 juillet 2015.

Bélanger, Réal, «Wilfrid Laurier», dans *Dictionnaire biographique du Canada*, vol. XIV (1911-1920), Presses de l'Université Laval/ University of Toronto Press, 1998, http://www.biographi.ca/fr/bio/laurier_wilfrid_14F.html, 16 juillet 2015.

Claveau, Judith et Serge, «Vivre en français dans l'état de la Floride dans un parc de maisons mobiles et terrains pour VR», *Québécois en Floride*, Blogspot, http:// quebecoisenfloride.blogspot.ca/, consulté le 16 juillet 2015.

Dussault, Gabriel, «François-Xavier-Antoine Labelle», dans *Dictionnaire biographique du Canada*, Vol. XII (1891-1900), http://www.biographi.ca/fr/bio/ labelle_francois_xavier_antoine_12E.html, consulté le 16 juillet 2015.

Forstall, Richard L., «Florida. Population of Counties by Decennial Census: 1900 to 1990», United States Census Bureau (27 mars 1995), http://www.census.gov/ population/www/censusdata/cencounts/files/fl190090.txt, consulté le 16 juillet 2015.

Gorman, Juliet, «What Was Belle Glade Like?», *New Deal Narratives, Visions of Florida* (mai 2001), http://www.oberlin.edu/library/papers/honorshistory/2001- Gorman/jookjoints/belleglade/introtobelleglade.html, consulté le 16 juillet 2015.

Hemlock, Doreen, «State Mission Visits Toronto», *The Sun-Sentinel* (10 juillet 2003), http://articles.sun-sentinel.com/2003-07-10/business/0307090814_1_ trade-partner-jeb-bush-toronto-board, consulté le 16 juillet 2015.

Hudon, Jean-Paul, «Henri-Raymond Casgrain», dans *Dictionnaire biographique du Canada*, vol. XIII (1901-1910), Presses de l'Université Laval/University of Toronto Press, 1994, http://www.biographi.ca/fr/bio/casgrain_henri_ raymond_13F.html, consulté le 16 juillet 2015.

Knetsch, Joe, «State Lands History», Florida Department of State (10 novembre 2008), http://www.dep.state.fl.us/lands/files/lands_history.pdf, consulté le 16 juillet 2015.

Koppe, Martin, «Quand la France colonisait la Floride, une controverse encore d'actualité», Gentside Découverte, http://www.maxisciences.com/colonie/ quand-la-france-colonisait-la-floride-une-controverse-encore-d-039-actualite_ art32063.html, consulté le 16 juillet 2015.

Lacroix, Laurier, «Marc-Aurèle de Foy Suzor-Côté», *L'Encyclopédie canadienne*, http://www.thecanadianencyclopedia.com/articles/fr/marcaurele-de-foy- suzorcote, consulté le 16 juillet 2015.

Larose, Fernand, dans «Un rêve devenu réalité», Scribd, http://www.scribd.com/ fullscreen/75372661?access_key=key-dfg7ox8qw9oeai69hi0m, consulté le 16 juillet 2015.

Moreno, Dario, «Florida: The Conservative Enclave Revisited», Florida International University (29 janvier 1998), http://www2.fiu.edu/~morenod/scholar/1992. htm, consulté le 16 juillet 2015.

Morneau, Claude, «Le blogue Disney World et la Floride», Guides Ulysse, http://blogues.guidesulysse.com/Disney-World-Floride/, consulté le 16 juillet 2015.

Jon Nordheimer, «Canadians Who Find a Winter Haven in Florida Bring Separatism Along», *The New York Times*, 8 avril 1987 [en ligne]: http://www. nytimes.com/1987/04/08/us/canadians-who-find-a-winter-haven-in-florida-bring-separatism-along.html, consulté le 10 juillet 2015.

Vincent, Sandrine, «"Snowbirds": quand les Québécois envahissent la Floride», *Night Life* (16 octobre 2013), http://www.nightlife.ca/2013/10/16/snowbirds-quand-les-quebecois-envahissent-la-floride, consulté le 22 juillet 2015.

Weingroff, Richard F., «Federal-Aid Highway Act of 1956: Creating the Interstate System», *Public Roads*, vol. 60, n° 1, été 1996, http://www.fhwa.dot.gov/publications/publicroads/96summer/p96su10.cfm, consulté le 16 juillet 2015.

Zong, Jie, Hataipreuk et Jeanne Batalova, «Canadian Immigrants in the United States», Migration Policy Institute, http://www.migrationpolicy.org/article/canadian-immigrants-united-states, consulté le 16 juillet 2015.

Articles et chapitres de livres

«The Swamp. The Everglades, Florida, and the Politics of Paradise», *Publishers Weekly*, 19 décembre 2005, p. 51.

Arcand, Bernard, «Mon grand-père aimait l'hiver», dans Stéphane Batigne (dir.), *Québec: espace et sentiment*, Paris, Éditions Autrement, 2001, p. 122-133.

Arsenault, Raymond, «The End of Long Hot Summer: The Air Conditioner and Southern Culture», *Journal of Southern Culture*, vol. 50, n° 4, novembre 1984, p. 597-628.

Arsenault, Raymond, «Is There a Florida Dream?», *Forum*, n° 17, été 1994, p. 22-27.

Beauchemin, Jacques, «De la nation à l'identité: la dénationalisation de la représentation politique au Canada français et au Québec», dans Simon Langlois (dir.), *Aspects de la nouvelle francophonie canadienne*, Québec, Presses de l'Université Laval, 2004, p. 165-187.

Beaudin, François, «Prêtres de Montréal en mission aux États-Unis (1836-1876)», *Revue d'histoire de l'Amérique française*, vol. 21, n° 4, automne 1968, p. 792-802.

Bélanger, Damien-Claude, «Lionel Groulx and Franco-America», *American Review of Canadian Studies*, vol. 33, n° 3, automne 2003, p. 373-389.

Breton, Raymond, «Institutional Completeness of Ethnic Communities and the Personal Relations of Immigrants», *American Journal of Sociology*, vol. 70, n° 2, septembre 1964, p. 193-205.

Breton, Raymond, «L'intégration des francophones hors Québec dans des communautés de langue française», *Revue de l'Université d'Ottawa*, vol. 55, n° 2, 1985, p. 77-98.

Desbarats, Catherine et Thomas Wien, «Introduction: la Nouvelle-France et l'Atlantique», *Revue d'histoire de l'Amérique française*, vol. 64, n°s 3-4, hiver-printemps 2011, p. 5-29.

Desbarats, Catherine et Allan Greer, «Où est la Nouvelle-France?», *Revue d'histoire de l'Amérique française*, vol. 64, n°s 3-4, hiver-printemps 2011, p. 31-62.

Desrosiers-Lauzon, Godefroy, «À l'envers de l'hiver: le voyage en Floride et les identités canadienne et québécoise», *Social History/ Histoire sociale*, vol. 39, n° 77, 2006, p. 109-128.

Dupont, Louis, «Le déplacement et l'implantation de Québécois en Floride», *Vie française*, vol. 36, n°s 10-11-12, octobre-novembre-décembre 1982, p. 23-33.

Dupont, Louis et Marie Dussault, «La présence francophone en Floride: un portrait», *Vie française*, vol. 36, n°s 10-11-12, octobre-novembre-décembre 1982, p. 5-22.

Dupuis, Serge, «"Plus peur de l'hiver que du diable": des immigrants aux hivernants canadiens-français à Palm Beach (Floride), 1945-1997», *Revue d'histoire de l'Amérique française*, vol. 63, n° 4, printemps 2010, p. 465-495.

Faucher, Albert, «Projet de recherche historique: l'émigration des Canadiens français au XIXe siècle», *Recherches sociographiques*, vol. 2, n° 2, avril-juin 1961, p. 243-245.

Forget, Célia, «Floribec: le patrimoine culturel québécois en Floride», *Ethnologie française*, vol. 40, n° 3, 2010, p. 459-468.

Frenette, Yves, «La genèse de la communauté canadienne-française en Nouvelle-Angleterre: Lewiston (Maine), 1800-1880», *Historical Papers/ Communications historiques*, vol. 24, n° 1, 1989, p. 75-99.

Gervais, Gaétan, «Les paroisses de l'Ontario français, 1767-2000», *Cahiers Charlevoix 6. Études franco-ontariennes*, Sudbury, Prise de Parole, 2005, p. 99-194.

Gilbert, Anne, «La nature comme résignation», dans Caroline Andrew (dir.), *Dislocation et permanence: l'invention du Canada au quotidien*, Ottawa, Presses de l'Université d'Ottawa, 1999, p. 39-57.

Gilbert, Anne, André Langlois et Rémy Tremblay, «Habiter Floribec: voisinage et communauté», *International Review of Canadian Studies/ Revue internationale d'études canadiennes*, vol. 44, n° 2, 2011, p. 75-89.

Hamelin, Louis-Edmond, «Les Québécois face à l'hivernie laurentienne», *Québec français*, n° 88, hiver 1993, p. 85-88.

Harney, Robert F., «The Palmetto and the Maple Leaf: Patterns of Canadian Migration to Florida», dans Randall M. Miller et George E. Pozetta (dir.), *Shades of the Sunbelt. Essays on Ethnicity, Race, and the Urban South*, Westport (Connecticut), Greenwood Press, 1988, p. 21-40.

Jarvis, Eric, «Florida's Forgotten Ethnic Culture: Patterns of Canadian Immigration, Tourism, and Investment since 1920», *Florida Historical Quarterly*, vol. 21, n° 2, 2002, p. 186-187.

Lamonde, Yvan, «Pourquoi penser l'américanité du Québec?», *Politique et sociétés*, vol. 18, n° 1, 1999, p. 93-98.

Laurendeau, André, «Nous sommes un peuple pénétré par l'hiver», *Magazine Maclean*, n° 6, février 1966, p. 44.

Léger, Rémi, « De la reconnaissance à l'habilitation de la francophonie canadienne », *Francophonies d'Amérique*, n° 37, à paraître en 2016, 26 f.

Longino, Charles F. Jr., Victor W. Marshall, Larry C. Mullins et Richard D. Tucker, « On the Nesting of Snowbirds: A Question about Seasonal and Permanent Migrants », *Journal of Applied Gerontology*, vol. 10, n° 2, juin 1991, p. 157-168.

Mohl, Raymond A., « Review Essay: Ethnic Transformations in Late-Twentieth-Century Florida », *Journal of American Ethnic History*, vol. 15, n° 2, hiver 1996, p. 60-78.

Morton, William L., « The "North" in Canadian Historiography », dans A. B. McKillop (dir.), *Contexts of Canada's Past: Selected Essays of W.L. Morton*, Toronto, MacMillan Canada, 1980, p. 229-239.

Puze, Simone, « Danser en ligne », *Le Bel Âge*, vol. 3, n° 11, octobre 1990, p. 18-19.

Roby, Yves, « Les Canadiens français des États-Unis (1860-1900) : dévoyés ou missionnaires », *Revue d'histoire de l'Amérique française*, vol. 41, n° 1, 1987, p. 3-22.

Rosental, Paul-André, « Maintien / rupture : un nouveau couple pour l'analyse des migrations », *Annales Économies, Sociétés, Civilisations*, vol. 6, novembre-décembre 1990, p. 1403-1431.

Thériault, Joseph Yvon, « Entre la nation et l'ethnie : Sociologie, société et communautés minoritaires francophones », *Sociologie et sociétés*, vol. 26, n° 1, printemps 1994, p. 15-32.

Tremblay, Rémy, « Le déclin de Floribec », *Téoros*, vol. 22, n° 2, été 2003, p. 63-66.

Tremblay, Rémy, « Un modèle pour comprendre le cycle de vie de communautés touristiques transnationales », *Revue organisations et territoires*, vol. 13, n° 3, automne 2004, p. 81-85.

Tucker, Richard D., Larry C. Mullins, Charles F. Longino Jr., Victor W. Marshall et François Béland, « Older Canadians in Florida: A Comparison of Anglophone and Francophone Seasonal Migrants », *Canadian Journal on Aging / La revue canadienne du vieillissement*, vol. 11, n° 3, automne 1992, p. 281-299.

Livres

Allaire, J.-B.-A., *Dictionnaire biographique du clergé canadien-français*, tome 3, quatrième supplément, Québec, L'Action sociale, 1918, 256 p.

Barde, Robert, Susan B. Carter et Richard Sutch (dir.), *Historical Statistics of the United States. Earliest Times to the Present. Millennial Edition. Volume One. Part A. Population*, New York, Cambridge University Press, 2006, 736 p.

Behiels, Michael, *La francophonie canadienne : renouveau constitutionnel et gouvernance scolaire*, Ottawa, Presses de l'Université d'Ottawa, 2005, 432 p.

Bélanger, Réal, *Wilfrid Laurier : quand la politique devient passion*, Québec, Presses de l'Université Laval, 1986, 484 p.

Bienvenue, Louise, *Quand la jeunesse entre en scène : l'Action catholique avant la Révolution tranquille*, Montréal, Boréal, 2003, 291 p.

Bock, Michel, *Quand la nation débordait les frontières: les minorités françaises dans la pensée de Lionel Groulx*, Montréal, Hurtubise HMH, 2004, 452 p.

Bouchard, Gérard, *Genèse des nations et cultures du nouveau monde: essai d'histoire comparée*, Montréal, Boréal, 2001, 503 p.

Cécillon, Jack Douglas, *Prayers, Petitions and Protests. The Catholic Church and the Ontario Schools Crisis in the Windsor Border Region, 1910-1928*, Montréal / Kingston, McGill-Queen's University Press, 2013, 404 p.

Chartier, Daniel et Jean Désy, *La nordicité au Québec. Entretiens avec Louis-Edmond Hamelin*, Québec, Presses de l'Université du Québec, 2014, 142 p.

Chodos, Robert et Eric Hamovitch, *Quebec and the American Dream*, Toronto, Between the Lines, 1991, 251 p.

Counts, David Reeves et Dorothy Ayers, *Over the Next Hill. An Ethnography of RVing Seniors in North America*, Peterborough, Broadview Press, 2001, 347 p.

Curl, Donald Walter, *Palm Beach County, An Illustrated History*, Northridge (Californie), Windsor Publications, 1986, 223 p.

Desrosiers-Lauzon, Godefroy, *Florida's Snowbirds: Spectacle, Mobility, and Community since 1945*, Montréal / Kingston, McGill-Queen's University Press, 2011, 364 p.

Dormer, Ellimore Mayer, *The Sea Shell Islands. A History of Sanibel and Captiva*, New York, Vantage Press, 1975, 210 p.

Dumont, Fernand, *Raisons communes*, Montréal, Boréal, 1997, 255 p.

Fischer, David Hackett, *Le rêve de Champlain*, trad. de l'anglais par Daniel Poliquin, Montréal, Boréal, 2012, 999 p.

Fonteneau, Gilles, *Sur les traces des Huguenots de la Floride. Expéditions en Charenta 1562-2007*, Paris, Éditions Le Croît vif, 2008, 287 p.

Frenette, Yves, *Brève histoire des Canadiens français*, Montréal, Boréal, 1998, 210 p.

Frenette, Yves, *Les francophones de la Nouvelle-Angleterre, 1524-2000*, Montréal, Institut national de recherche scientifique, 2001, 144 p.

Gannon, Michael, *Florida: A Short History*, éd. revue, Gainesville, University of Florida Press, 2003, 182 p.

Gervais, Gaétan, *Des gens de résolution. Le passage du « Canada français » à l'« Ontario français »*, Sudbury, Prise de parole, 2003, 230 p.

Gilbert, Anne, *Espaces franco-ontariens*, Hull, Le Nordir, 1999, 200 p.

Grunwald, Michael, *The Swamp. The Everglades, Florida, and the Politics of Paradise*, New York, Simon & Schuster, 2006, 480 p.

Havard, Gilles et Cécile Vidal, *Histoire de l'Amérique française*, éd. revue, Paris, Flammarion, 2006, 863 p.

Hillmer, Norman et J.L. Granatstein, *For Better or for Worse: Canada and the United States into the Twenty-First Century*, Toronto, Nelson Thomson Learning, 2007, 359 p.

Jewel, Susan D., *Exploring South Florida: A Guide to Finding the Natural Areas and Wildlife of the Southern Peninsula and the Florida Keys*, Sarasota, Pineapple Press, 2002, 288 p.

Kaszynski, William, *The American Highway: The History and Culture of Roads in the United States*, Jefferson (Caroline du Nord), McFarland and Company Publishers, 2000, 294 p.

King, James P. et David A. Lyon, *Canadian Travel Patterns and Attitudes Towards Vacations in Florida*, Toronto / Tallahassee, Market Facts of Canada / Florida Department of Commerce, 1982, 111 p.

Lamarre, Jean, *Les Canadiens français du Michigan: leur contribution dans le développement de la vallée de la Saginaw et de la péninsule du Keweenaw, 1840-1914*, Sillery, Septentrion, 2000, 224 p.

Lamonde, Yvan, *Ni sans eux, ni avec eux: le Québec et les États-Unis*, Montréal, Nuit blanche Éditeur, 1996, 125 p.

Langlois, Georges et Gilles Villemure, *Histoire de la civilisation occidentale*, 5ᵉ éd., Montréal, Beauchemin, 2012, 341 p.

Le Moine, Roger, *Joseph Marmette, sa vie, son œuvre* suivi de *À travers la vie, romans de mœurs canadiennes*, Québec, Presses de l'Université Laval, 1968, 251 p.

Linteau, Paul-André, René Durocher, Jean-Claude Robert et François Ricard, *Histoire du Québec contemporain. Tome II. Le Québec depuis 1930*, éd. révisée, Montréal, Boréal, 1989, 729 p.

Louder, Dean et Éric Waddell, *Du continent perdu à l'archipel retrouvé: le Québec et l'Amérique française*, Québec, Presses de l'Université Laval, 1983, 292 p.

Louder, Dean et Éric Waddell (dir.), *Franco-Amérique*, Sillery, Septentrion, 2008, 373 p.

Lussagnet, Suzanne, *Les Français en Amérique pendant la deuxième moitié du XVIᵉ siècle. Les Français en Floride*, Paris, Presses universitaires de France, 1958, 265 p.

Marchand, Joséphine, *Journal intime (1879-1900)*, Lachine, La Pleine Lune, 2000, 275 p.

Marmette, Joseph, *Récits et souvenirs*, Québec, Typographie de C. Darveau, 1891, 257 p.

Martel, Marcel, *Le deuil d'un pays imaginé: rêves, luttes et déroute du Canada français: les rapports entre le Québec et la francophonie canadienne, 1867-1975*, Ottawa, Presses de l'Université d'Ottawa, 1997, 203 p.

Morissonneau, Christian, *La terre promise: le mythe du Nord québécois*, Montréal, Hurtubise HMH, 1978, 212 p.

Mormino, Gary, *Land of Sunshine, State of Dreams. A Social History of Modern Florida*, Gainesville, University Press of Florida, 2005, 457 p.

Morris, Allen et Joan Perry, *Florida Place Names*, Sarasota, Pineapple Press, 2002, 379 p.

Nolan, David, *Fifty Feet in Paradise. The Booming of Florida*, New York, Harcourt, Brace, Jovanovich, 1984, 324 p.

Ouellet, Fernand, *Histoire économique et sociale du Québec (1760-1850)*, Montréal, Fides, 1966, 639 p.

Ouellet, Fernand, *L'Ontario français dans le Canada français avant 1911. Contribution à l'histoire sociale*, Sudbury, Prise de parole, 2005, 547 p.

Paré, François, *Le fantasme d'Escanaba*, Québec, Nota bene, 2007, 184 p.

Perks, Robert et Alistair Thomson (dir.), *The Oral History Reader*, 2ᵉ éd., Londres, Routledge, 2006, 578 p.

Pratte, André, *Wilfrid Laurier*, Montréal, Boréal, 2011, 215 p.

Robillard, Denise, *L'Ordre de Jacques Cartier, 1926-1965: une société secrète pour les Canadiens français catholiques*, Montréal, Fides, 2009, 541 p.

Roby, Yves, *Les Franco-Américains de la Nouvelle-Angleterre: rêves et réalités*, Sillery, Septentrion, 2000, 526 p.

Roby, Yves, *Histoire d'un rêve brisé? Les Canadiens français aux États-Unis*, Sillery, Septentrion, 2007, 148 p.

Rouillard, Jacques, *Ah les États! Les travailleurs canadiens-français dans l'industrie du textile de la Nouvelle-Angleterre d'après le témoignage des derniers migrants*, Montréal, Boréal, 1985, 155 p.

Scott, Laura Lee, *Belandville: A French Canadian Colony in West Florida*, Bagdad (Floride), Patagonia Press, 2005, 67 p.

Séguin, Michel, *Magazine Carrefour Floride*, vol. 11, nº 4, février 2015, 111 p.

St-Amour, Thérèse, *Récits de la Floride*, Delray Beach, The Printing Office, 2006, 109 p.

Thériault, Joseph Yvon, *Critique de l'américanité: mémoire et démocratie au Québec*, Montréal, Québec Amérique, 2005, 386 p.

Thériault, Joseph Yvon, Linda Cardinal et Anne Gilbert (dir.), *L'espace francophone en milieu minoritaire au Canada*, Montréal, Fides, 2008, 562 p.

Thompson, John Herd et Stephen J. Randall, *Canada and the United States: Ambivalent Allies*, 4ᵉ éd., Montréal / Kingston, McGill-Queen's University Press, 2008, 341 p.

Thomson, Dale C., *Louis St-Laurent: Canadien*, Montréal, Cercle du Livre de France, 1968, 570 p.

Tremblay, Rémy, *Floribec: espace et communauté*, Ottawa, Presses de l'Université d'Ottawa, 2006, 150 p.

Thèses

Dupuis, Serge, « L'émergence d'une Floride canadienne-française: l'exemple de la communauté de Palm Beach, 1910-2010 », Thèse de maîtrise (histoire), Université d'Ottawa, 2009, 159 p.

Dupuis, Serge, « Le passage du Canada français à la Francophonie mondiale: mutations nationales, démocratisation et altruisme au mouvement Richelieu, 1944-1995 », Thèse de doctorat (histoire), University of Waterloo, 2013, 368 p.

Colloques

Florida Historical Society Annual Meeting, Pensacola (Floride), 21-23 mai 2009.

La Floride Française: Florida, France and the Francophone World International Conference, Winthrop-King Institute for Contemporary French and Francophone Studies, Florida State University, Tallahassee (Floride), 20-21 février 2014.

Sources dans la collection de l'auteur

De Repentigny, Sylvain, «International Travel Survey: Canadian Residents 1980-1999. Data Selected: U.S. State Visits, Including En Route. Total U.S. State Visits Selected, U.S. Regions by U.S. States, 1 + Nights by Visits and Spending Less Fares. Florida 1980-1999», Statistique Canada, document inédit envoyé par courriel, 30 juillet 2007, 1 p.

Dupont, Louis, Anne Gilbert et Dean Louder, «Les Floribécois dans le contexte de la Floride du Sud, 1994», document inédit, février 1994, 14 p.

Dupuis, Serge, «Sondage auprès des Canadiens français de Palm Beach», document inédit, janvier 2008, 44 p.

Entrevues

Entrevue avec Joseph Asselin et Nicole Bureau, Lantana (Floride), 9 janvier 2008, 88 min.

Entrevue avec Michèle Asselin et Patrick Asselin, Silver Springs Shores (Floride), 10 janvier 2009, 77 min.

Entrevue avec Rollande Asselin, Lake Worth (Floride), 11 janvier 2009, 20 min.

Entrevue avec Carmen Bernier, Palm Springs (Floride), 5 janvier 2009, 50 min.

Entrevue avec Rose Brousseau, Lake Worth (Floride), 12 janvier 2008, 132 min.

Entrevue avec Jeannette Dalcourt, Greenacres (Floride), 7 janvier 2008, 75 min.

Entrevue avec Ginette et Albert, Lake Worth (Floride), 7 janvier 2009, 59 min.

Entrevue avec Marc Doyon, Palm Springs (Floride), 8 janvier 2009, 10 min.

Entrevue avec Roland Doyon et Simone Doyon, Palm Springs (Floride), 8 janvier 2009, 124 min.

Entrevue avec Roger Groulx, Palm Springs (Floride), 12 janvier 2008, 36 min.

Entrevue avec Danielle Jean et Jacques Drouin, Greenacres (Floride), 9 janvier 2009, 63 min.

Entrevue téléphonique avec Michael Mackenzie, 15 novembre 2008, 20 min.

Entrevue avec Denise Lefebvre et Sylvain Frétigny, Hollywood (Floride), 29 mars 2013, 70 min.

Entrevue avec Raymond Lemay et Denise d'Anjou, Lake Worth (Floride), 7 janvier 2009, 63 min.

Entrevue téléphonique avec Maurice Ouellette, 27 octobre 2006, 15 min.

Entrevue avec Maurice Ouellette, Palm Springs (Floride), 7 janvier 2008, 93 min.

Entrevue avec Maurice Ouellette, Palm Springs (Floride), 5 janvier 2009, 60 min.

Entrevue avec Martin Rivard, Lake Worth (Floride), 13 janvier 2009, 45 min.

Entrevue avec Conrad Roy et Jeannine Fournier, Greenacres (Floride), 8 janvier 2008, 65 min.

Entrevue téléphonique avec Joanne Roy, 6 janvier 2009, 10 min.

Entrevue avec André Sansfaçon, Palm Springs (Floride), 12 janvier 2008, 28 min.

Entrevue téléphonique avec Thérèse St-Amour, 17 novembre 2006, 10 min.
Entrevue avec Thérèse St-Amour et Blaise Plouffe, Boynton Beach (Floride), 8 janvier 2009, 70 min.
Entrevue téléphonique avec Albert Savoie, 17 novembre 2006, 10 min.
Entrevue avec Albert Savoie, Greenacres (Floride), 2 janvier 2007, 50 min.
Entrevue avec Albert Savoie, Greenacres (Floride), 7 janvier 2008, 60 min.

Sources audiovisuelles

«A Reagan Legacy: Amnesty for Illegal Immigrants», *All Things Considered* (4 juillet 2010), National Public Radio, http://www.npr.org/templates/story/story.php?storyId=128303672, consulté le 16 juillet 2015.

«Walt Disney World», The History Channel, http://www.history.com/videos/walt-disney-world-fantasy-built-on-swampland#walt-disney-world-fantasy-built-on-swampland, consulté le 16 juillet 2015.

Falardeau, Pierre et Julien Poulin, *Elvis Gratton: le king des Kings*, enregistrement DVD, Montréal, Association coopérative des productions audio-visuelles, 1985, 89 min., couleur, son.

Le Bigot, Joël avec Andrée Champagne, «La mer», *Samedi et rien d'autre* (3 août 2013), Première chaîne de Radio-Canada, http://ici.radio-canada.ca/emissions/samedi_dimanche/2013-2014/emissions.asp, consulté le 16 juillet 2015.

Mihalka, George, *La Florida*, enregistrement DVD, Montréal, Sarazin Couture Entertainment, 1993, 112 min., couleur, son.

Paquette, Pierre, «Les Québécois en Floride», *Aujourd'hui* (4 avril 1967), Télévision de Radio-Canada, http://archives.radio-canada.ca/art_de_vivre/voyage/clips/16233/, consulté le 16 juillet 2015.

Perrin, Catherine avec Godefroy Desrosiers-Lauzon, «Observer la "snowbirds", c'est une science», *Médium large* (10 janvier 2013), Première chaîne de Radio-Canada, http://ici.radio-canada.ca/emissions/medium_large/2013-2014/chronique.asp?idChronique=266703, consulté le 16 juillet 2015.

Robitaille, Éric avec Maurice Ouellette, «La Florida depuis 40 ans», *Quelque part entre la 11 et la 17* (1er novembre 2006), Première chaîne de Radio-Canada, Nord de l'Ontario, 6 min.

Robitaille, Éric avec Maurice Ouellette, «Maurice Ouellette en Floride», *Quelque part entre la 11 et la 17* (19 décembre 2006), Première chaîne de Radio-Canada, Nord de l'Ontario, 9 min.

TABLE DES MATIÈRES